Agora é viver

ISABELLA LEMOS DE MORAES

Agora é viver
A história de uma família codependente

EDIÇÃO DE TEXTO
Gustavo Guimarães Barbosa

Copyright © 2013 by Isabella Lemos de Moraes

Direitos desta edição reservados à
EDITORA ROCCO LTDA.
Av. Presidente Wilson, 231 – 8º andar
20030-021 – Rio de Janeiro, RJ
Tel.: (21) 3525-2000 – Fax: (21) 3525-2001
rocco@rocco.com.br
www.rocco.com.br

Printed in Brazil/Impresso no Brasil

Preparação de originais
JULIA WÄHMANN

CIP-Brasil. Catalogação na fonte.
Sindicato Nacional dos Editores de Livros, RJ.

M82a	Moraes, Isabella Lemos de
	Agora é viver: a história de uma família codependente / Isabella Lemos de Moraes. – Rio de Janeiro: Rocco, 2013.
	ISBN 978-85-325-2836-0
	1. Moraes, Isabella Lemos de. 2. Moraes, Isabella Lemos de – Família. 3. Mulheres – Brasil – Biografia. I. Título.
13-1417	CDD-920.72
	CDU-920.72

Ao meu filho João Flávio,
que me dá força e amor pela vida.

*Mude, mas comece devagar, porque a direção
é mais importante que a velocidade.*

– Edson Marques

Sumário

Prefácio 11
1 Na estrada 15
2 Segredos e mentiras 23
3 Beverly Hills 37
4 Pequena garota perdida 51
5 Don't cry, daddy 71
6 Lost Paradise 101
7 Dharma 115
8 Truque perigoso 135
9 Encontros e desencontros 163
10 Procurando Isa 189
11 Nada é ridículo se me faz sofrer 211
Epílogo: Agora é viver 223

Prefácio

Senti-me muito honrado pelo convite de Isabella para prefaciar o seu "primeiro" livro. A posição de analista é, geralmente, mais de observador do que de participante. Sei que esta atitude foi muitas vezes interpretada erroneamente e criou a ideia de que os analistas seriam frios e indiferentes aos seus pacientes. Seja como for, eu não sou. Fico feliz e triste com quem acompanho, mas, ao mesmo tempo, sei o meu papel e os limites das minhas possibilidades. Todo analista é silencioso justamente para não tomar o lugar de quem a ele pede ajuda. Como a história do analista não deve substituir a de quem acompanha, ele não faz, anda junto. Por isso, não tenho dúvida de que Isabella é a grande protagonista da sua história e que foi a própria força dela que viabilizou os passos do seu caminho. Sobre as dores e as dificuldades da vida, e Isabella enfrentou várias delas, sabe-se que elas podem levar uma pessoa, mesmo que involuntariamente, para os lugares mais sombrios da existência do ser. Verdadeiros refúgios da alma que se alimentam do ódio e operam mais a serviço da destruição do que da construção de uma vida que valha a pena ser vivida. A destruição é rápida, a construção dá trabalho e leva tempo. Isabella soube resistir a todas estas seduções das facilidades do descaminho da destruição, a meu ver, pelo enorme amor que nela existe. É fruto desse grande amor a capacidade que ela encontrou dentro de si para gerar a vida de um filho e a ele oferecer, muitas vezes, o que não pôde ela mesma receber em seu desenvolvimento. Agora, usa mais uma faceta deste amor, para dar existência ao seu livro e continuar seu caminho de tentar ajudar outras vidas.

Entendo que, para quem sofre e deseja ser ajudado, um livro corajoso e honesto como o de Isabella pode servir de grande apoio e alento. Houve época que um livro assim foi tudo que a própria Isabella teve para se agarrar e manter a sua sanidade mental. Hoje, adulta, é ela que se sente em condições de dividir, generosamente, a sua própria história como ajuda a todos que precisarem enfrentar uma luta semelhante. Ciente de que toda pessoa é única e de que as saídas para os labirintos de uma vida são individuais, mais do que oferecer respostas, Isabella oferece uma mensagem de esperança: a de que sempre existe um caminho e de que lutar pela vida é um ato de coragem que vale a pena ser seguido.

– JOSÉ ALBERTO ZUSMAN
Analista didata da SPRJ
Doutor em Psicanálise pela UFRJ
Psiquiatra

1
Na estrada

Remexer no que se passou não vai ser fácil, mas preciso fazer isso para seguir adiante. Abro caixas que estavam guardadas na estante da nossa casa em São Sebastião do Paraíso e encontro uma revista amarelada pelo tempo. Na foto de página inteira, meu pai com olhar tenso, cabelos fartos e bonitos, elegante, mesmo com a gravata em desalinho.

"O milionário brasileiro está com um processo criminal correndo na Corte municipal de Beverly Hills" – informa a reportagem – "com sete acusações contra ele, todas relacionadas com uso e porte de drogas, além de um processo de divórcio, custódia dos filhos, uma acusação de dependência de drogas contra uma de suas filhas no Serviço Infantil da Corte e uma investigação de incêndio na mansão que ele alugava."

A emoção encharca meus olhos como na primeira vez que li essa notícia, vinte anos atrás, ao telefone, para minha mãe, também aos prantos. Ela estava em Los Angeles, tentando recuperar a guarda das crianças, então sob custódia do Estado. Minhas irmãs e meu irmão haviam passado duas semanas inteiras confinados num carro dirigido por meu pai, sem rumo, pelas estradas da Califórnia. Ele estava encrencado quando decidiu, de repente, colocar os filhos no Rolls Royce, com a roupa do corpo, e sair naquela fuga delirante.

Poucos dias antes, os pais de dois colegas de escola de uma de minhas irmãs haviam descoberto que seus filhos, menores de idade, estavam consumindo cocaína, supostamente fornecida por meu pai. Já suspeitavam de algo estranho desde que os dois estiveram trancados com outros amigos num dos quartos de nossa casa, quando nossa empregada Celine percebeu uma espessa fumaça que se alastrava pelos cômodos e saiu pela rua gritando por ajuda.

Entre as muitas fotos da reportagem, agora eu via Celine olhando o quarto completamente destruído pelo incêndio. Recém-chegada de El Salvador, ela não falava inglês, mas conseguiu alertar os vizinhos, que chamaram os bombeiros a tempo de evitar uma tragédia maior.

No dia daquele incêndio, meu pai estava fora, viajando com meus irmãos. Eu tinha vindo para a casa de Paraíso, interior de Minas, onde tentava reconstruir minha vida bem longe daquela loucura. E minha mãe decidira voltar aos Estados Unidos depois de passar algumas semanas com os familiares no Rio, cuidando da saúde.

– Mas por que ele saiu fugindo com as crianças durante todos esses dias, até ser preso? – perguntei à minha mãe, por telefone. – Foi pela acusação de ter fornecido cocaína aos coleguinhas da minha irmã?

– Não foi por isso que ele fugiu – disse mamãe. – Ele estava com muito medo, mas por outro motivo. Imaginou que eu tentaria lhe tomar as crianças.

– Motivos não faltam, depois de tudo o que ele fez – comentei, com a alma dolorida.

A reportagem da revista semanal informava que meu pai, depois de prestar depoimentos, havia sido internado em uma clínica de reabilitação para viciados em drogas, e que poderia ser deportado ou preso por vários anos. Ao telefone, minha mãe contou-me que ia hipotecar um apartamento em Los Angeles para levantar rapidamente o valor da fiança. Assim, ele poderia responder o processo em liberdade. Mas a pior notícia era ter uma irmã ainda em estado grave no hospital, depois de alguns dias na CTI recuperando-se de uma overdose.

As duas semanas sem destino pela estrada haviam sido como um *road movie* atrapalhado e sem *happy end*. Depois de seguir até as cercanias de Las Vegas, sem poder usar cartão de crédito para não ser localizado, meu pai vagueou por estradas secundárias e, a certa altura, tomou o rumo de casa, imaginando, por si mesmo, que o perigo havia passado.

Já em Los Angeles, teve que parar o carro, que parecia estar com algum problema mecânico. Uma viatura da polícia parou para ajudar e, pela placa, verificou que meu pai estava em situação irregular por não ter comparecido à Corte depois de uma infração no trânsito algum tempo atrás.

Teria sido liberado depois de um pequeno procedimento administrativo na delegacia, se os policiais não tivessem percebido algo estranho em minha irmã, desorientada e com o nariz sangrando, e se não tivessem encontrado cocaína no porta-luvas do carro. Exatamente naquela data, 30 de agosto de 1992, meu pai fazia aniversário: 41 anos de idade.

Retiro da caixa outra revista amarelada e vejo fotos dele ao lado de celebridades como Roberto Carlos, Juscelino Kubitschek, Omar Shariff, Julio Iglesias e Sammy Davis Jr. Recebendo o título de um dos dez homens mais elegantes do mundo, numa festa no Studio 54, em Nova York. Dirigindo reuniões de suas empresas, com o retrato do pai ao fundo. No auge do glamour, aos trinta e poucos anos.

Deixo de lado a reportagem da prisão em Beverly Hills, para abrir espaço em minha memória aos anos dourados da vida de meu pai, quando ele falava com orgulho de suas vitórias profissionais e pessoais, de sua vida em família (eu tinha 6 anos de idade) e do painel de azulejos na rua principal de Paraíso com uma frase sua: "Defender a criança é preservar a Pátria." O painel, que exibia seu rosto pintado, era uma homenagem da cidade ao benfeitor que sustentava centenas de crianças carentes da região.

Relendo as páginas da revista, me demoro em pormenores do texto como se tentasse fazer o tempo permanecer indefinidamente daquele jeito. Meu pai de chapéu branco na foto de capa, sorridente e charmoso, com ar de mocinho de cinema, afirmava ao jornalista que só gostava de viajar acompanhado da família, porque do contrário tinha "medo de se sentir deprimido".

A reportagem glamorosa trazia, além do perfil exemplar de meu pai, uma notícia em primeira mão: ele se preparava para estrelar um filme de aventuras: "Quero fazer um filme muito bem-feito" – declarou à revista. "Com todas as coisas em seus lugares, uma boa equipe, uma boa história, bons atores. Por isso, estou esperando a hora certa."

A hora certa, porém, jamais chegaria. O filme, *JF em Terra Brava*, acabou não sendo produzido porque seu herói não gostou do roteiro. Iria gostar menos ainda do enredo de sua vida real, desde então. Por motivos que até hoje procuro entender, ele refugiou-se compulsivamente no delírio das drogas. Tentou em vão burlar o medo e a depressão através de uma viagem longa e solitária. Uma viagem praticamente sem volta, que fez e ainda faz sofrer a todos nós. A começar por ele.

2
Segredos e mentiras

Nasci antes da hora. Não por problemas de gravidez, mas pela gravidade do problema que meus pais enfrentariam se não me escondessem da família e do mundo. Pelo menos foi assim que eles acharam melhor fazer, ao saberem que eu estava para chegar.

Breve flashback: anos 1970, garagem do prédio, avenida Atlântica. Ele está trazendo suas coisas para o novo apartamento. A família chegava de mudança do interior de São Paulo para o Rio de Janeiro, onde seu pai passaria a comandar o grupo empresarial que havia adquirido.

Ao descarregar as caixas e malas do carro, seus olhos encontram o olhar da jovem Renata, que por um capricho do destino passava por ali naquele exato momento. Filha de uma tradicional família pernambucana, ela corresponde ao olhar, durante alguns segundos apenas. "Bonito rapaz" – assim iria lembrar-se dele nas horas seguintes.

Um dia depois, encontram-se de relance na portaria do prédio, ele voltando da praia, ela saindo com a mãe e os dois irmãos. Nenhuma palavra, mais uma vez. Só a rápida troca de olhares. Era domingo.

Na segunda-feira cedo, ele a viu pela janela, indo para a faculdade. À tarde, como se fosse coincidência, estava na calçada em frente ao prédio quando ela chegou. Jogou charme, puxou assunto, perguntou onde ela estudava, de onde era. E disse que estava se mudando para o Rio, vindo de Campinas. Em poucos passos até o elevador convidou-a para um lanche na tarde seguinte.

– Não sei se vou poder... – ela respondeu.

– Então me diga seu telefone, para combinarmos outra ocasião.

Passou a ligar todos os dias, encontravam-se no corredor, na portaria, começaram a ir juntos até a lanchonete, depois ao cinema, e em pouco tempo estavam namorando sério.

A família de Renata, presa aos valores da aristocracia rural de Pernambuco e das famílias tradicionais cariocas de então, não via com bons olhos o namoro com aquele rapaz moreno, alto, bronzeado de praia, ares de conquistador e pinta de galã de Hollywood. Exatamente o que mais estava atraindo a jovem universitária, linda, ingênua e sonhadora. Apaixonaram-se.

Os pais da moça, separados, embora extremamente conservadores, e os dois irmãos, que a protegiam como a uma princesinha, percebiam algo estranho no comportamento dele.

– Nada estranho, é apenas um pouco de timidez. Talvez fique inseguro por causa da desconfiança de vocês – dizia ela aos irmãos, em defesa do namorado.

Mas com o tempo vieram as cenas de ciúme, cada vez mais constantes e incontroláveis. Ele alternava momentos de extremo romantismo com demonstrações de possessividade excessiva, não apenas com relação à noiva. Tinha um apego exagerado aos pais, incomum na sua idade, e vivia calado, ensimesmado.

Se por um lado as esquisitices de João Flávio preocupavam os pais e irmãos de Renata, aos olhos dela tudo aquilo era lindo. Todos os gestos dele eram compreensíveis e desculpáveis, pois valiam como demonstrações de amor. Com o tempo, as resistências da família dela foram sendo atenuadas pelo envolvimento afetivo dos pais dele, que viam em Renata – moça culta, inteligente, elegante, dona de uma beleza suave e natural – a esposa perfeita para seu filho.

Depois de três meses de romance avassalador, de repente se casaram no civil, surpreendendo a todos. Para atenuar o constrangimento dos familiares, marcaram a cerimônia religiosa para três meses depois. Assim daria tempo de preparar a cerimônia, os convites, e salvar as aparências. O que ninguém mais sabia, além do jovem casal, é que naquele meio-tempo eu já estava começando a chegar.

Minha mãe decidiu manter a gravidez em segredo. Não via outra saída. O pai dela, autoritário e apegado à filha, os irmãos tremendamente machistas, a mãe preocupada com a reputação da família, o que iriam pensar? Jamais aceitariam aquela situação. Fofocas na imprensa e nas rodas da alta sociedade seriam inevitáveis.

Só depois da lua de mel os familiares receberam a notícia de que ela estava grávida, mas não de três meses. E para que a barriga não crescesse aos olhos de todos, os recém-casados viajaram para Minas, onde ficaram numa fazenda da família do noivo. Faltando um mês para o parto, voltaram para o Rio sem que a família de Renata soubesse. Foram morar num apartamento comprado por ele, onde ficaram quase incomunicáveis durante meus primeiros três meses de vida.

Mantiveram-me escondida do mundo até terminar o que seria o prazo certo: nove meses de gestação depois do casamento. Nasci em abril e fui registrada como se tivesse nascido em julho. Ao ver aquela "recém-nascida" do tamanho de um bebê de três meses, meus avós e tios maternos ficaram surpresos e orgulhosos. Não sei até que ponto desconfiaram, não sei se fizeram de conta que não haviam percebido nada de anormal.

Foi assim que nasci: corpo incógnito, disfarçada de alguém três meses mais nova. Meus pais ainda eram duas crianças assustadas, que receberam de repente outra criança para cuidar, sem saber como. Clandestina. Destino de um clã. Acobertando minha vida recém-chegada. Estendendo em segredo, ao longo dos anos que viriam, um sofrimento que, quanto mais dissimulado, mais nos aprisionava a todos.

Imagino aquele bebê que era eu, no colo de minha mãe como se fosse uma boneca, jamais como um bebê real. Não imaginaram, eles, o quanto ficaria marcado em minha alma o simples fato de me esconderem de tudo e de todos nos primeiros meses. Exatamente no momento das boas-vindas a um novo ser, que podia ter sido recebido com muito carinho. Que bem podia ter sido mostrado a todos com alegria, em vez de ficar sigiloso como se fosse uma coisa errada, condenável, uma criança proibida.

Não imaginaram que um bebê sente tudo, percebe e absorve a energia ao seu redor. Só aos 15 anos soube a verdade sobre o meu nascimento e foi um choque doloroso, por causa do modo como meu pai me contou. Mas contarei isso depois. Até lá, muitas outras coisas aconteceram.

Procuro na memória as lembranças mais remotas dos meus primeiros anos e sempre vejo nele a pessoa que mais me dava carinho e amor. A maior paixão da minha vida. Meu ídolo, o melhor homem do mundo, o mais bonito, o mais inteligente, o mais importante, o mais elegante. Adorava ficar com ele, me sentia segura e amada, assim como ele se sentia mais seguro morando perto dos pais. Foi menino mimado, superprotegido, sempre teve tudo o que quis. Cresceu tímido e inseguro. Levar a vida na metrópole, trabalhando nas empresas do pai, não deve ter sido fácil para aquele homem simples que gostava do ambiente rural, da fazenda em Minas Gerais. Adorava seus cavalos, seus cachorros, ficava mais à vontade ao lado dos trabalhadores da terra, sem a afetação do círculo social que sua família passara a frequentar no Rio de Janeiro.

Quando garoto, às vezes era expansivo, alegre e falante, outras vezes triste, introvertido, com medo de tudo, até mesmo de dormir sozinho. Os pais achavam que aquilo era uma fase que ia passar. "É coisa de criança", diziam. "É coisa de adolescente", disseram depois. Com o passar do tempo, teve que entrar no mundo dos adultos, mas a criança e o adolescente continuavam nele. Para os pais, era assim mesmo, um rapaz tímido, um bom menino, um jovem sensível. Nada demais.

Formado em administração, resolveu montar seu próprio negócio, uma distribuidora de títulos e valores mobiliários que rapidamente se expandiu e lhe deu prestígio. Começou a se relacionar com pessoas famosas, patrocinava espetáculos teatrais e musicais, passou a ser assediado pela mídia, como um generoso mecenas do mundo artístico, empresário famoso, playboy bem-sucedido.

Aquele garoto calado, que só se sentia seguro junto da família, e que parecia despreparado para lidar com o poder e o glamour, como será que ele se sentia ao ser tão incensado nas colunas sociais e nos programas de TV? Como é que o menino tímido, que nem gostava de bebidas alcoólicas, conseguia agora sair todas as noites, frequentar boates e brilhar nas festas mais badaladas, cercado de atores e atrizes, modelos, cantoras e músicos, artistas plásticos, cineastas, jogadores de futebol, políticos, estrelas do *jet set* internacional?

A primeira vez foi durante uma festa: aspirou com força algumas carreiras do pó branco e sentiu-se eufórico, poderoso. No dia seguinte encontrou-se com os mesmos amigos e, depois de muitas carreiras, saíram para a noite, empolgados. Dias depois, uma nova amiga, já em clima de sedução, foi ao seu escritório e passaram a tarde com a sala trancada, consumindo a droga levada por ela.

Eu era muito pequena, mas consigo me lembrar da profunda tristeza que tomou conta de minha mãe: uma expressão de desalento e insegurança que ficou gravada em minha vida para sempre.

Eu via que ela estava sofrendo, mas não entendia o motivo e não sabia o que fazer para ajudar. E ele vivia tenso, agitado, quase não parava em casa. Até que fiquei sem vê-lo por vários dias. "Está viajando", explicou mamãe. Mas no fim desse mesmo dia ele apareceu para pegar algumas roupas, apressado, e sumiu de novo, por algumas semanas.

Anos depois eu soube que ele esteve envolvido com uma atriz famosa, também viciada em cocaína. Chegou a mudar-se para a casa dela, onde se entregou totalmente ao vício, passando as noites em claro e faltando ao trabalho. Até o dia em que meu avô o obrigou a voltar para sua família, pois minha mãe havia engravidado da segunda filha. Para ajudá-lo a se afastar da amante, das más companhias e das drogas, meu avô deu de presente ao casal uma viagem por vários países da Europa. Durante três meses, meus pais estiveram viajando e revigorando o amor.

Quanto a mim, aprendera a ficar triste de tanto ver minha mãe chorando pelos cantos e meu pai menos afetuoso comigo. A melhor companhia que me restava era a boneca de pano, presente dele. Usava um vestidinho bordado e tinha o mesmo apelido que eu: Bebella.

Na escola, tímida, eu me isolava das pessoas. As salas de aula do enorme casarão tinham um pé-direito altíssimo, eram escuras apesar das paredes brancas, nunca batia sol nas janelas azuis. Eu só gostava da hora do recreio, quando podia brincar com a minha prima Duda, que estudava em outra turma. Quando a Duda faltava, eu ficava ali sozinha, sentada no chão entre as árvores do imenso pátio, comendo meu lanche, muito triste. Depois passava o resto da aula torcendo para acabar logo, o sinal bater, o motorista me buscar e eu voltar para meu quarto cor-de-rosa, onde Bebella me esperava em silêncio.

A casa finalmente se alegrou depois que eles voltaram da viagem e minha irmã nasceu. Eu adorava ajudar a cuidar dela, brincar e fazer palhaçadas para ouvir suas gargalhadas. Um ano depois, nasceu meu irmão.

Por algum tempo pude receber de novo as atenções de meu pai. Ele resolveu construir uma fazenda para nós, perto de Petrópolis, e junto com minha mãe escolheu cada detalhe, da arquitetura à decoração. Meu quarto era lindo e aconchegante e eu adorava ficar na casinha de bonecas que havia no quintal. Passeávamos de charrete ou pescávamos em um barquinho no lago, e quando chovia ficávamos todos na sala de televisão, que tinha um sofá enorme onde cabia toda a família e os cachorros. Depois eu ia dormir ouvindo o coaxar dos sapos e, de manhã, era despertada por um maravilhoso coral de passarinhos, galos, galinhas e cigarras. Era tudo tão bom, tão perfeito. Pelo menos eu achava que era.

Meu pai saía para trabalhar no Rio de Janeiro quando permanecíamos mais tempo na fazenda durante as férias escolares. Todos os dias, ao entardecer, eu ficava ansiosa esperando ele chegar. Morria de saudades. Mas nem sempre ele vinha: às vezes passava a semana inteira sem aparecer e depois me explicava que tinha viajado. Passei a ficar ainda mais grudada nele e fazia escândalos quando ele tinha que sair ou viajar a trabalho.

"Pai, eu te amo mais que tudo, não viaja não!" – eu escrevia isso nos pés dele, enquanto ele dormia, e em vários pedaços de papel que colava na mala, além de deixar bilhetinhos por cima das roupas e de todas as coisas dele. Quando chegava a hora, ele tinha que sair escondido de mim. Eu me sentia péssima, descontrolada mesmo, e minha mãe ficava sem saber o que fazer comigo. Certa vez, no apartamento de Copacabana, ela estava me dando comida na boca, porque eu me recusava até a comer e não parava de espernear, depois de saber que meu pai tinha ido viajar.

– Não quero comer – eu dizia. – Não vou comer enquanto não falar com meu pai.

Na época não havia celular e ele já tinha ido para o aeroporto. Entrei em pânico, derramei de propósito a comida do prato, gritava e chorava no colo de minha mãe, até que ela ligou para o aeroporto e pediu que o localizassem na sala VIP. Meu desespero era tanto que, após o telefonema, ele desistiu da viagem e voltou para casa. Só assim me acalmei.

Fui criada praticamente sem limites. Mas o mundo em volta de nós não tardaria a impor limites dolorosos. Muito em evidência na mídia, meu pai começou a receber ameaças de que eu seria sequestrada e ficou apavorado. Contratou seguranças, além do motorista, para me acompanharem na ida à escola e a qualquer outro lugar aonde fosse. Era horrível.

De fato não houve só ameaças, mas também reais tentativas de sequestro. Uma vez, no então túnel novo de Copacabana, fecharam nosso carro repentinamente. Em uma fração de segundo os seguranças saíram de armas na mão. O carro que tinha freado na frente do nosso saiu dali correndo, em alta velocidade, juntamente com outro que vinha ao lado. Nosso motorista tentou persegui-los, mas eles fugiram rápido, cantando os pneus pelas ruas do bairro.

Logo depois desse susto, meus pais resolveram ir viver nos Estados Unidos. Aqui no Brasil estávamos todos tensos, com muito medo, o perigo era iminente, e precisávamos voltar a ter uma vida normal, sem tanto desassossego. Em poucas semanas estávamos de mudança para Los Angeles, onde nossa família teria mais tranquilidade e segurança.

Mal sabíamos, porém, que as aflições estavam apenas começando.

3
Beverly Hills

Aos 10 anos senti que tinha perdido meu pai. Aquele pai carinhoso, que me dava atenção, estava muito diferente. Comecei a perceber quando ele me buscou na escola pela última vez: parecia ansioso, nervoso, como se estivesse ali só por obrigação. Eu adorava quando ele ia me buscar, fazia sempre isso, e naquele dia percebi um clima de despedida.

– O papai agora vai estar mais ocupado – disse ele, meio constrangido. – Então vai ser mais difícil buscar você na escola, tá?

Eu não sabia direito o que estava acontecendo e menos ainda como lidar com a situação. Mas sabia que ocupado ele não estava tanto assim. Quase não via meu pai trabalhando, nessa época. Mesmo quando ele estava em casa, nós o víamos cada vez menos, pois vivia trancado em seu quarto. E ali, pela última vez ao seu lado no carro enquanto voltava da escola, me senti abandonada, meio órfã. Não pude mais senti-lo como alguém presente, e sim como uma lacuna, um vazio. Depois disso, a maior parte do tempo, nos dias e nas noites em Los Angeles, ele ficava sozinho ou saía sem a gente. Às vezes ainda saíamos com ele e era muito bom: continuava divertido e carinhoso conosco. Um bom pai, da maneira dele. Mas era impossível saber quando esses momentos se repetiriam pois o seu estado de espírito era muito inconstante, imprevisível.

A ida para os Estados Unidos não havia sido apenas para nos proteger das ameaças de sequestro, mas também para que ele se afastasse das drogas. Eu era pequena, mas me lembro de nossos primeiros anos em Los Angeles como uma família normal, com muitos momentos felizes e que ficava junta o tempo todo. Meu pai, sempre muito devoto, ia conosco todo domingo à missa na St. Monica Catholic Church, uma igreja tradicional, com imagens lindas e um jardim enorme, todo verde. Minha mãe nos arrumava e saíamos impecáveis. Depois da missa, íamos jantar fora.

Meus avós paternos iam sempre nos visitar e ficavam muitas temporadas conosco. Vovô Wilson estimulava meu pai nos negócios, mas não estava dando certo administrar a empresa de tão longe. Chamava meu pai a voltar para o Brasil e ajudá-lo, mas ele não queria. Só muito tempo depois eu entendi que naquela época ele já era dependente das drogas e deveria se sentir inseguro para trabalhar, não queria enfrentar a realidade, os problemas. Estava vivendo em Beverly Hills um mundo fantasioso e nos fazia de bonecos.

Hoje sei que ele não tinha culpa, pois estava doente, já não era dono de suas próprias decisões e atitudes. Tudo que fez de errado conosco era decorrência de um sério distúrbio psíquico. Ele achava que fazia o melhor para nós e não conseguia enxergar o que de fato estava acontecendo.

Tinha perdido todo interesse pelo seu trabalho. Não mais cuidava da empresa, raramente entrava em contato com os funcionários e achava que tudo se resolveria magicamente, sem que ele precisasse tomar decisões sobre o rumo dos negócios. Acho que no fundo ele sabia que isso não ia dar certo, mas não queria ver, pois já estava se afundando em seu próprio poço. Meu avô Wilson ficava preocupado, sofria demais com isso e avisou ao filho, inúmeras vezes, que a empresa não podia ficar sem comando. Não sei se já percebia que papai era doente. Vovô e vovó sempre tentavam fazer com que voltássemos para o Brasil. Insistiam, tentavam levar-nos de volta, mas papai não queria de jeito nenhum e a empresa foi acumulando dívidas de muitos milhões. Meu avô pagou todas as dívidas e, com tudo quite, fechou a empresa. Isso causou grande desgosto, mas teve que ser feito. Papai perdeu mais ainda o gosto pelos negócios e pela vida, e vovô adoeceu seriamente, sofrendo de mal de Alzheimer e mal de Parkinson.

Papai chegou a tentar atender aos apelos de meu avô e, depois de um ano em Beverly Hills, nossa família estava de volta ao Brasil. Porém ele não conseguia mais viver em função das empresas, nem mesmo ficar morando na cidade. Decidiu mudar-se de Copacabana para a fazenda em São Sebastião do Paraíso.

Como vivíamos passeando, entre o Rio e Minas e para vários outros lugares, ele mandou fazer um ônibus-casa, com dois quartos, cozinha, TV, micro-ondas, geladeira, decoração. No Rio, tínhamos um barco enorme, ancorado no Iate Clube, que se chamava *Lourdes*, nome de minha avó paterna. Saíamos para o mar junto com o *Lady Laura*, do Roberto Carlos, padrinho do meu irmão, parávamos os barcos lado a lado e ficávamos mergulhando, o dia todo juntos.

Mas nem tudo era cor-de-rosa como as paredes do meu lindo quarto. Minha mãe, agora com um filho recém-nascido, muitas vezes não conseguia esconder que estava triste. Não queria que eu percebesse seus olhos molhados, mas eu via seu ar de preocupação quando meu pai saía sozinho, e isso estava acontecendo mais frequentemente a cada dia. Filha mais velha, acostumada a cuidar dos meus irmãos, aos 8 anos eu notava que o casamento não ia bem: meus pais estavam tristes. Até então eu não via brigas entre eles, mas sabia que algo estava errado. Se as coisas não estão bem, a gente se muda novamente e tudo vai melhorar: acho que meus pais pensaram assim e fizeram tudo para acreditar nisso quando decidiram voltar para Los Angeles. Já com quatro filhos, eles queriam que tivéssemos uma boa formação escolar, e até aí o vaivém nos deixava sem nenhuma base. Depois de quase dois anos no Brasil sem fincar raízes, vivendo boa parte do tempo em um ônibus-casa ou a bordo de um iate, morando às vezes na fazenda e outras vezes num apartamento, voltamos então para Beverly Hills, dessa vez para ficar.

Não foi bem assim. A mudança para os EUA era para ser definitiva, mas voltávamos sempre ao Brasil para férias que chegavam a durar seis meses. Meu pai preocupava-se com sua empresa, que já não ia tão bem como antes, porém não tinha mais disposição para os negócios. Vivia ansioso e tenso como nunca.

Uma tarde, na fazenda, durante uma longa temporada no Brasil, pela primeira vez vi os dois brigando. Ele aos gritos, muito grosso com ela, indignada mas sem forças para reagir, em prantos, quase calada. Fiquei revoltada ao notar o sofrimento passivo de minha mãe. A partir desse momento, vivia tentando convencê-la a reagir de alguma forma.

– Mãe, se não mudar de atitude ou se separar do papai, você vai sofrer muito mais depois!

Mas ela nunca me ouvia. "Por amor a ele", explicava a mim e a si mesma. Disposta a amá-lo incondicionalmente, perdera a autoestima, o amor-próprio.

Nessa época o estado emocional de meu pai começou a ficar incontrolável. Comprou armas, inclusive uma metralhadora, e andava à noite, em volta da casa, na fazenda, dando tiros no jardim. Em verdadeiro surto paranoico, achava que tinha gente escondida ali para nos pegar. Uma tarde eu estava no quarto com meus irmãos e ouvi seus gritos, seguidos de um tiro bem perto da casa:

– Quem está assobiando aí?! – gritava ele.

Como senti medo naquele momento! Tentava acalmar meus irmãos, grudada com eles embaixo da cama, mas estava completamente aterrorizada. Tremendo de pavor, eles não entendiam o que estava acontecendo, enquanto ouvíamos a voz raivosa de meu pai, gritando como um louco.

Ele achava que tinha alguém na casa. Então gritei:

– Fui eu que assobiei, pai. Não se preocupe!

Só que não havia assobio nenhum. Ele mesmo assobiava e dizia que tinha gente ali. Pouco depois, foi até a cozinha e gritou com minha mãe, muito agressivo e fazendo ameaças, apenas porque ela lhe disse a verdade:

– Não, não escutei nenhum assobio. Acho que você está ouvindo coisas. É imaginação sua!

Quando ouvi a briga, fui correndo até a cozinha para ajudar, mas os dois fingiram para mim que estava tudo normal, embora ele ainda estivesse ofegante de raiva, e ela com os olhos cheios de lágrimas. Ele saiu para o quarto, batendo a porta, e sentei-me ao lado de minha mãe. Sentia-me mais revoltada que ela. Choramos juntas. Nesse dia, finalmente ela decidiu ir com os filhos para a casa da mãe, no Rio. Conversamos com minha avó paterna, que concordou em interná-lo. Ele ainda estava na fazenda quando ela mandou uma ambulância buscá-lo à força. Passou alguns meses em uma clínica de São Paulo. Criança, eu nada sabia ainda sobre a doença do meu pai, embora estivesse disposta a ver as coisas como eram. Acho que minha mãe também não tinha noção de que o problema dele ia além das drogas.

Era um sério distúrbio psicológico. Meus avós faziam disso um tabu. Sempre que falávamos com minha avó sobre a necessidade de internar meu pai, ela respondia que isso não era necessário, porque ele estava bem, não seria bom para ele. Imagino que, no fundo, se sentisse culpada pelo que aconteceu com o filho e pelo que ele se tornou. Hoje, ela e minha mãe têm consciência de que estavam lidando com aquilo de modo errado.

Ainda na clínica, ele mostrou-se profundamente arrependido de tudo o que tinha feito, chorando muito e pedindo à minha mãe que não o deixasse.

Depois de algum tempo e de muita insistência dele, novamente ela acabou decidindo perdoá-lo. Minha mãe continuaria vivendo um mundo de fantasia, heroicamente camuflando a tristeza. Tudo o que ela queria era salvá-lo, salvar o casamento, a família, mesmo pagando um preço alto por isso, pois sacrificou-se pessoalmente. Se pudesse, faria para nós uma redoma indestrutível e ali permaneceríamos felizes para sempre. Mas a realidade não era assim.

Eu sentia raiva disso, ficava revoltada com ela e lhe dizia:

– Como você pode fazer isso? Como pode voltar atrás? Como você tem coragem de voltar para um homem que agiu daquele jeito com você?

Eu falava assim desde muito antes, desde a primeira vez que o vi gritar com ela. No tempo do ônibus-casa, em Minas, um dia ele ficou gritando com minha mãe de um jeito louco, diferente. Então, com apenas 9 anos, fiz uma carta enorme para ela, dizendo que ela precisava se separar dele e não mais voltar atrás. "Se você não fizer isso, ele nunca mais vai mudar e vai perder ainda mais o respeito por você" – escrevi.

Eu chorava muito, pois meus sentimentos ficavam confusos de verdade. Queria vê-los felizes, mas sabia que isso não era mais possível. Também não queria ficar longe de meu pai, porém sentia desde pequenininha que a separação dos dois seria melhor para todos, inclusive para ele. E para mim era tão confuso sentir isso! Às vezes me achava má, por querer algo com que ninguém mais ao meu redor concordava. E me criticavam por desejar isso para meus pais. Mas eu já via que eles não eram mais felizes e que não havia mais respeito.

Meus irmãos não chegaram a conviver com papai antes dessas crises, não o conheceram como um homem normal. Só eu cheguei a ter nele um pai de verdade, embora por pouco tempo. Nascidos um pouco depois, eles já começaram a vida tendo ao lado um pai ausente e estranho, e por isso estavam mais acostumados com a loucura dele do que eu. Não tinham outra referência, então deviam achar normais as excentricidades do pai quando ele, na fazenda, por exemplo, dirigia o carro velozmente, em círculos, no terreiro de café, cantando pneus.

Morríamos de medo dentro do carro, mas éramos crianças e precisávamos confiar em nosso próprio pai. Pai é pai. Porém, tudo era muito estranho e me deixava amedrontada, insegura. Meus irmãos sentiam medo também, mas ainda eram muito pequenos e nesse tempo somente eu tinha noção da loucura em que vivíamos. Eles acreditavam em muitas coisas que papai falava, entravam um pouco na loucura dele. E eu ficava às vezes deitada no colo da minha mãe, chorando muito sem saber exatamente por quê.

Alguns anos mais tarde descobri o porquê. Dentro do carro, na garagem de nossa casa em Beverly Hills, encontrei por acaso um pequeno estojo de maquiagem, que parecia de pó compacto. Mas era um pó diferente, do qual eu já tinha ouvido falar e, como estava intrigada com o comportamento de meu pai, nesse momento caiu a ficha. No conteúdo do estojo enxerguei a causa do abandono que vinha sofrendo. De repente, fui tomada por uma confusão de sentimentos: raiva, mágoa, medo, tristeza, revolta. Entrei em casa e subi as escadas carregando aquilo nas mãos. Bati com força à porta do quarto dele.

Refazendo-se do susto com a bronca furiosa da filha de 15 anos, ele me chamou para entrar e resolveu abrir o jogo. Explicou-me que aquilo aliviava sua depressão, fazia com que se sentisse melhor. E me mostrou como preparava em casa mesmo uma pedra de crack a partir do pó, como aquecia e fumava aquela pedra. Contou-me que havia aprendido a preparar e fazer aquilo com vizinhos famosos, celebridades – atores e cantores – com quem às vezes passava noites inteiras sem dormir, usando a droga. Ou se drogava sozinho, trancado em seu quarto por dias seguidos. Quando por fim não resistia ao cansaço e caía no sono, recomeçava logo ao acordar, algumas horas depois. Explicou-me que aquilo era muito importante para ele, como um remédio.

Só então, naquela tarde que jamais esquecerei, foi que comecei a entender, ainda desalentada e perplexa, os motivos do estranho comportamento de meu pai, fechado no quarto e em si mesmo, ora tímido demais, ora expansivo, ou nervoso, ou dócil, fissurado ou apático, ligado demais ou fora de si, e mesmo assim sempre vaidoso.

Algo me dizia que a causa de tudo aquilo não era exatamente o uso da droga, mas que esse era um ingrediente a mais, um aditivo perverso no meio de uma doença anterior e muito mais complicada, uma armadilha que lhe prometia a fuga dos problemas e na verdade o aprisionava cada vez mais, devastando sua personalidade e seus laços de afeto. Em alguns momentos estava bem e voltava a ser a melhor pessoa do mundo. Pouco depois, era impossível conviver com ele.

4
Pequena garota perdida

Este meu livro começou a nascer em 1990, por causa de uma menina perdida que estava conseguindo se reencontrar: era Drew Barrymore, mundialmente famosa aos 7 anos como atriz do filme *E.T., o Extraterrestre*, de Steven Spielberg. Nascida em uma família de atores, na Califórnia, tinha de tudo, principalmente uma vida conturbada desde criança. Alcoólatra aos 9 anos e viciada em cocaína aos 12, foi internada em uma clínica de reabilitação e lá começou a escrever uma biografia precoce, publicada quando ela chegava aos 15 anos, e que ficou como registro de uma árdua batalha para salvar sua própria vida.

Com 13 anos, eu acompanhava a vida dela em revistas e jornais e já achava que era uma história parecida com a minha. Soube do livro *Little girl lost** desde a época em que ela estava internada e comprei logo que foi lançado. Nem mostrei a meus pais, levei para a escola e fiquei lendo. Embora nunca tenha usado drogas, vi meus dramas mais íntimos relatados no livro da Drew. O que ela fazia, como dependente de drogas, era o que meu pai fazia, mas os sentimentos dela eram os que eu vivia.

Foi uma surpresa emocionante, um fantástico exemplo de vida para mim, pois ela estava conseguindo superar toda a dor, o vazio, a vida sem chão que eu tinha e que ela também vivia. Lendo aquele livro eu não me sentia mais tão sozinha, pois outra pessoa enfrentava aqueles mesmos problemas.

Antes eu pensava que, se contasse aqueles problemas para outras pessoas, iam me achar louca. Eu

---

* O livro *Little girl lost*, de Drew Barrymore, foi publicado nos Estados Unidos em 1991 e não foi editado no Brasil. Os trechos citados aqui são de tradução livre.

não tinha com quem conversar sobre a minha dor. Ao ler o livro da Drew, fiquei menos só no mundo. Aquelas páginas, que eu lia e relia vorazmente, eram tudo pra mim e preenchiam o que me faltava na relação com minha mãe, pai, amigos. Ficava lendo cada palavra, como se eu mesma estivesse falando aquilo e ela, falando comigo. Aos poucos, ao longo de vários anos, fui pensando em fazer meu próprio livro algum dia. A Drew me ajudou tanto, sem saber, que resolvi fazer o mesmo com outras pessoas. Muitos querem ser ajudados, meu pai não quis.

Relendo novamente aquelas páginas sublinhadas e rabiscadas, tenho a visão do que vivi naquela época e do que ainda me atinge nos dias de hoje.

"Você nunca perde o medo de voltar a ser o que já foi e de perder o que conquistou. Quando você está bem, não esquece o passado, é difícil, e vive isso dia após dia, minuto a minuto. É assim que vai ser pelo resto da minha vida, mas pelo menos agora eu tenho vida." Ela escreveu essas palavras durante o tratamento, na clínica onde lutava para se livrar da dependência das drogas. E eu sentia exatamente isso, um medo de perder coisas que foram difíceis de conseguir. Até hoje sinto, dia após dia. É um medo que de fato você nunca perde depois de passar por aquela experiência.

Algumas frases do livro que me salvou a vida em Beverly Hills estão sublinhadas várias vezes, como se ao reforçar a linha sob aquelas palavras eu me apoiasse nelas ainda mais. *"Não sabia o que fazer com minha vida"* – foi uma dessas frases. Ela fazia qualquer coisa para não viver a própria vida. Viveu tudo o que poderia viver até os 14 anos. "A felicidade vem de você descobrir que está vivo e que tem a chance de viver." Eu também me sentia velha aos 15, sem perspectivas. Mas sabia que tinha uma chance – e me dediquei a procurá-la, com todas as minhas forças. Assim como Drew.

Parecia que ela estava falando de mim ao se descrever como uma menina forte, porém vulnerável, machucada, que vivia uma dor imensa e tinha que ignorar essa dor o tempo todo para poder sobreviver. Confessava não admitir nem para si mesma o quanto era insegura. Tinha baixa autoestima. A carência de amor e de afirmação era uma ferida que ela nem sabia ter, e que só piorava ao longo dos anos. "Eu era triste, sozinha, e me sentia feia, sem conseguir fazer nada" – dizia ela, constatando que a droga havia mudado tudo muito rápido, da noite para o dia.

"Precisava de atenção o tempo todo para me sentir amada, era extremamente insegura, era o que ninguém imaginava que eu era. Todos me achavam forte e eu era frágil. Era na verdade uma criança pequena. Vivia insegura, morrendo de medo, porque as pessoas não iam gostar de mim." Sinto vontade de dizer à Drew que ainda tenho esse sentimento. Já foi muito pior, mas até hoje essa insegurança me acompanha: será que as pessoas vão gostar de mim? Por que haveriam de gostar? Ainda não superei o medo de que me façam mal. "Como alguém pode gostar de você? Você não se ama!" – parecia que ela gritava essas frases para que eu me escutasse no fundo da alma.

Meu coração disparava ao ver os *insights* da Drew naquele livro: "Na verdade meu problema é mais com minha família do que comigo. As coisas que tive que viver dentro da minha casa." Uma compreensão extremamente simples e reveladora que me ajudou a sobreviver.

O livro me mostrava que eu existia, que havia outras pessoas com problemas e sentimentos semelhantes. Mesmo lendo aquilo eu ainda não tinha força suficiente para olhar toda a minha realidade, não encarava demais o meu próprio espelho, ou não conseguiria sobreviver, tinha que continuar fazendo o que fazia, não podia mudar meu modo de agir. Anos mais tarde, fazendo psicanálise, foi que eu pude finalmente encarar os problemas de frente, para saber como lidar com as situações difíceis do meu dia a dia. Mas as palavras da Drew haviam mostrado o caminho de volta para a vida.

Assim como eu, o que ela mais queria era ter uma vida normal. "Sempre quis entender e saber por que não podia ter uma vida idêntica à das crianças que viviam no outro quarteirão." Na escola, quase sempre eu me isolava.

"As pessoas achavam que minha vida era maravilhosa, mas na verdade eu me sentia vazia, quieta, solitária" – dizia-me a Drew.

Ela era rica e famosa, mas não tinha o mais importante. "Eu tinha um enorme vazio por não ter meus pais presentes como eu queria. Eles estavam lá perto de mim mas o amor, a presença e qualidade de tempo, limites, orientação, carinho, isso eu não tinha. Meu pai estava muito doente e minha mãe sempre muito ocupada com tudo da casa."

A mãe não olhava para ela, o pai era louco: como eu me identificava com tudo isso! "Onde a minha mãe estava quando tudo isso estava acontecendo comigo?" – ela se perguntava. E eu sublinhava essa frase no livro, várias vezes, fazendo força com a caneta.

Uma vez uma amiga lhe perguntou: "Por que seu pai nunca está em casa?" E ela respondeu: "Quando meu pai está aqui em casa, ele acaba com nossa vida."

O que eu sofria em casa era até menor do que o sofrimento de Drew, mas também pesava muito.

Little girl lost foi se tornando minha companhia diária. Em cada página me encontrava dentro da dor e solidão daquela menina, sofrida e encantadora. Era impressionante: parecia que ela estava falando comigo.

Assim como eu, ela cresceu muito sozinha, não recebia orientação do que era amor e não se sentia amada. Eu também não: guardava uma tristeza nos olhos, não tinha vontade de viver como tenho hoje. Anos depois fui compreender que, enquanto meu pai estava envolvido com drogas, minha mãe e todos nós éramos codependentes. Em vez de cuidar de nós, ela tentava cuidar de meu pai. Com o agravamento do dependente, os filhos ficam órfãos de pais vivos! E assim nós fomos criados sem limites, orientação, carinho, amor, atenção.

Minha mãe fez o melhor que pôde, o melhor que sabia fazer, mas meu pai a deixava desestabilizada emocionalmente e ela já estava doente em seu completo envolvimento para salvar a vida dele e a de todos nós. Quem está emocionalmente ligado a um dependente e dedica sua vida a protegê-lo, muitas vezes tentando salvar as aparências para que a vida pareça seguir um curso normal, é um codependente.

No livro da Drew, cada palavra que ela dizia, cada frase de dor que eu lia, cada palavra de desespero, era eu mesma gritando por ajuda, mas essa ajuda não vinha nunca. Esse livro foi um pedacinho de mim e também de minha família. Ele era também de certa forma o meu maior amigo. Identificando-me com os sentimentos de Drew Barrymore, eu não me sentia tão sozinha e estranha no mundo.

Uma tarde, ao voltar da escola, cansada, recostei-me na cama e a primeira coisa que fiz foi abrir o livro dela, como vinha fazendo sempre naquela época. Meus olhos se fixaram numa frase que me fez senti-la muito próxima, como se fosse uma amiga íntima, até mesmo uma irmã, e como se estivesse ali comigo, sentada ao meu lado.

"Sentia-me tão sozinha... eu tinha tudo: fama, dinheiro, amizades, mas o vazio dentro de mim era enorme."

Meus ouvidos pareciam escutar essa frase sendo dita por ela naquele exato momento: era uma voz melodiosa e doce. Na verdade eu estava adormecendo com o livro nas mãos e tive um sonho com a Drew.

Eu estava na sala de aula e de repente ela entrou: Drew Barrymore era a nova aluna da minha turma. Vibrei com a novidade! Então veio se aproximando, com um sorriso simpático, parou junto ao lugar onde eu estava e disse:

– Posso sentar do seu lado?

As carteiras da sala de aula eram duplas e não havia ninguém no lugar ao meu lado.

– Sim, claro! – respondi, animada.

Enquanto assistíamos à aula, em silêncio, ouvindo o professor, eu pensava: "Não acredito que a própria Drew esteja aqui, do meu lado! Nossa, que sonho! Será que finalmente vou ter com quem conversar? Será que vamos poder nos ajudar?"

Quando tocou o sinal para o recreio, saímos juntas para o pátio, conversando animadamente. A empatia foi imediata.

– Drew, sou sua fã! Em todos os sentidos! Estou lendo seu livro e ele me ajudou muito a sobreviver. Tem sido a minha melhor companhia.

Falava isso olhando seus olhos e sentindo que agora a minha companhia não era mais o livro, e sim a própria autora e personagem. Ela não dizia quase nada, apenas sorria. E eu, ansiosa, queria aproveitar ao máximo aquela oportunidade.

– Como foi que você conseguiu vencer o vazio e o medo de que tanto fala em seu livro? – perguntei. – Eu também sinto tudo o que você sente, e dói muito.

Então contei minha história para ela: o nascimento três meses antes, as ausências de meu pai, o clima pesado em casa, as lágrimas que minha mãe tentava esconder, a tristeza que tudo aquilo provocava em mim e nos meus irmãos...

– Olha, eu ainda estou lutando para superar os meus problemas, não venci totalmente, porque cada dia é um dia – respondeu ela. – Só tenho 15 anos e tenho uma vida inteira pela frente. Mas vivo cada hora, cada minuto, pedindo a Deus que me permita sobreviver a esse dia, vencendo esse medo...

– Nossa! Eu penso a mesma coisa! É exatamente isso que eu sinto! – A cada palavra que ela dizia, mais eu me impressionava.

– ... um medo que sempre carregamos, medo de perder o que a gente conquistou... é assim o medo que você sente? – ela perguntou.

Comecei a rir e lhe respondi:

– Sim! É isso! Um medo de perder o equilíbrio emocional e nunca mais conseguir ficar bem. Como é difícil, né?

– Exatamente, Isabella. Mas, olhe, você não pode curar seu pai e nem mudar sua mãe, isso está acima das suas possibilidades. É preciso que a própria pessoa queira mudar e se curar. Mas você pode mudar a si mesma, e pode começar a ver sua vida de modo diferente, assim como eu tive que fazer.

– É, no seu livro eu vi que você lutou muito para viver sua vida de um jeito melhor... mas confesso que não sei se consigo!

– Você também vai conseguir! E, se o meu livro está ajudando você, acho que você vai poder ajudar outras pessoas também.

– Ajudar outras pessoas? Como?

– Ah, quem sabe um dia você escreve um livro também?

– Eu? Escrever um livro? – espantei-me com a ideia.

– Claro! Por que não? Mesmo que seja daqui a uns dez anos ou mais. E quem sabe um dia fazemos um projeto para ajudar adolescentes como nós? Temos problemas parecidos, não exatamente os mesmos, mas sentimos a mesma dor. E vamos vencer! Vamos vencer!

"Vamos vencer! Vamos vencer!" – De repente acordei, com o livro nas mãos. Um sonho incrivelmente real. Ainda parecia ouvir a voz dela dizendo: "Vamos vencer! Vamos vencer!"

Ao abrir os olhos, a primeira coisa que vi foi a foto de Drew Barrymore no filme *E.T.*, na cena em que a menina se assusta ao ver pela primeira vez aquele estranho extraterrestre. Então percebi que eu me sentia literalmente um E.T.

Eu não tinha amigos na escola nem ninguém perto de mim que vivesse problemas como os meus. Preferia me isolar do mundo, porque as preocupações de meus colegas me pareciam ridículas, ingênuas, infantis. Na verdade, minha infância é que estava sendo roubada de mim a cada dia. Eu sentia vergonha de desabafar sobre minha vida e minha dor, a falta de pais em casa, a solidão, a responsabilidade de ter que cuidar de mim e de meus irmãos, como se já fosse adulta.

Ela começou a ter problemas com 6 anos, quando fez o filme. Também teve que ser adulta muito cedo, para lidar com o desequilíbrio do pai e a ausência da mãe. E eu, que até então pensava ser a única criança que vivia aquela situação, aprendi com o livro de Drew que havia outras pessoas vivendo a mesma luta. No caso dela, uma luta mais séria ainda, porque ela própria foi viciada em drogas. Queria livrar-se do vício, sabia que precisava fazer isso, só não sabia como. Teve a sorte de ter sido internada por sua mãe para um tratamento sério, coisa que minha avó não fez com meu pai quando e como devia ter feito.

A decisão de mudar dependia principalmente dela mesma, por isso teve a chance de mudar de vida bem mais cedo.

"Sei que terei que viver e lutar para o resto de minha vida, mas pelo menos estou viva, tenho vida para lutar!" – escreveu ela.

"Pelo menos estou viva!" – foi assim que me senti aos 13 anos quando li pela primeira vez as palavras da Drew. Meu sonho desde então era ajudar outras pessoas, como ela fez, talvez escrevendo um livro, talvez salvando minha família, eu não sabia exatamente como, mas sabia que minha missão nessa vida seria ajudar o próximo, para assim me ajudar e continuar vivendo.

O problema era o medo. Medo de não conseguir seguir o caminho da saúde, pois seria mais fácil começar a usar drogas com outras crianças, ali na escola mesmo, e fugir da dor que eu sentia. Medo de não ter forças para continuar sóbria e protegendo minha família, pois era sempre essa a posição que eu ocupava, desde muito cedo.

Por isso ficava me apoiando nas frases de Drew, que mostravam ser possível superar. Seu relato me encorajava e me fazia ver que eu estava viva, e que então poderia mudar também, para um dia ser feliz.

"Quando você está sóbria, nunca esquece o que sentia ao usar a droga. É difícil, muito difícil. (...) E você tem que se levantar todos os dias, ser forte todos os dias."

Essa frase da Drew me mostrava que ela também sentia solidão e medo, mas enfrentava corajosamente seus problemas. Queria abraçá-la e dizer: "Obrigada por ter escrito esse livro e compartilhar o seu exemplo de vida! Você teve que lutar desde muito pequena, como eu, e é muito triste perder a infância por ter que lidar com esses problemas, tão cedo assim."

Pena que foi apenas um sonho e não a conheci pessoalmente. Mas até hoje quero realizar esse sonho. Por mais que ela tenha conseguido se superar e viver uma vida melhor, por mais famosa que seja, sei que sente a dor que eu sinto. Tem que lutar todos os dias contra os traumas, o medo, a angústia: só quem viveu assim pode entender.

Desde o sonho com a Drew, eu sempre soube que um dia escreveria minha história. Uma história real, dura, cheia de dor, mágoa e medos. Cheia de vazio. Mas sabia que um dia, com a força que sempre tive, conseguiria contá-la de um modo que ajude as pessoas que estejam passando pelo que passei.

Por isso, ao escrever este capítulo, decidi escrever também um e-mail para Drew Barrymore:

Dear Drew,

Meu nome é Isabella. Li seu livro pela primeira vez quando eu tinha 13 anos e morava em Beverly Hills, com meus pais. Eu era uma menina pequena e também perdida, assim como você se descrevia. Na leitura de seu livro, a cada capítulo em que você contava de sua dificuldade com seu pai, da ausência de sua mãe e da solidão que sempre sentia, a cada página parecia que você estava falando comigo. Em cada palavra eu me reconhecia.

Você conta no livro que as pessoas cobravam sua felicidade, já que é famosa e parece ter tudo. Por isso não entendiam, não aceitavam o fato de você ficar mal e ter entrado para as drogas. Eu não era famosa mas sentia a mesma coisa, pois era uma menina bonita, de família rica, e me faziam exatamente essa cobrança: "Mas, Isabella, você está triste por quê? Você tem dinheiro! Tem tudo!" Então, assim como você, eu não podia ficar triste, não tinha esse direito. E por isso, pela falta de compreensão dos outros, eu também me isolava do mundo.

Também senti na pele o que você sentiu e provavelmente ainda sente, pois costumamos carregar para sempre, pela vida afora, a dor e os traumas da infância. Traumas que, volta e meia, nos machucam. Aprendemos a conviver com o problema e a enfrentá-lo com maturidade, mas a ferida e o medo sempre estão bem perto de nós, para nos assombrar.

Eu vivi situações absurdas com meu pai. Tive medo dele, assim como você teve do seu. Até hoje carrego comigo o medo e a falta de perspectivas que meu pai me causou. Muitas vezes eu tenho que me controlar, respirar fundo e falar para mim mesma: "Isa, esse medo é do passado, hoje você não precisa mais ter medo!" Mas é difícil demais. Imagino você também, sendo obrigada a conviver com essa dor que sobrevive lá no fundo da alma... e como dói.

Quero te agradecer por ter escrito seu livro, tornando pública a sua história e mostrando ao mundo a sua superação. Desde que li e reli suas palavras, sempre pensei: Um dia farei como ela. Vou ajudar muita gente com minha experiência e com a minha luta pela superação.

Você foi a maior inspiradora que tive para escrever minha história. Sempre tive vontade de superar meus traumas, de me levantar, de sair da depressão, assim como você. E estou conseguindo! Assim como você.

Quem sabe um dia podemos nos conhecer de fato e trocar grandes experiências?

Você me parece uma menina meiga, carinhosa e sensível. Assim como eu sou.

Um beijo.
Love,
Isabella

5
Don't cry, daddy

O mergulho nas drogas fez com que meu pai tivesse alucinações até na frente dos filhos. Ele acreditava verdadeiramente, por exemplo, que conversava com Elvis Presley. Fazia ecoar, a todo o volume, nos alto-falantes que tinha mandado instalar em todos os cômodos da casa, gravações de shows de Elvis, em que ele percebia frases como: "God gave João Flávio daughter", ou "João Flávio, men", ou "Mister Flávio, entrei para o Reino dos Céus".

Tinha tanta certeza de que Elvis estava falando com ele que ficava agressivo com quem duvidasse.

– Não, pai, o Elvis não falou com você, não adianta querer que eu confirme isso, porque não é verdade – dizia.

Quando ele estava muito doido, armado, surtado, tínhamos medo de contestar. Às vezes fingíamos concordar ou respondíamos evasivamente:

– Ah, é? Que incrível! Parece mesmo que ele está dizendo isso.

– Parece, não! Ele está mesmo falando "God gave João Flávio daughter". É um milagre! Um grande fenômeno!

Quando ele estava mais brando, eu o confrontava.

– Pai, o Elvis não estava falando seu nome nesse disco! Você quer tanto escutar isso, que está escutando.

– Você está louca! Não vê que ele está me chamando? Escute isso: "João Flávio, men..."

Colocava mais uma vez o disco, repetindo várias vezes esse trecho, até eu fazer um sinal de sim com a cabeça.

– Alguma dúvida? – prosseguia ele, agitando-se de novo. – Por que você está contra mim, Isabella?

Pois saiba que essa revelação vai ser manchete em todos os jornais do mundo! Não está vendo que é um milagre o Elvis falar comigo?

A certeza de que Elvis Presley, morto mais de dez anos antes, estava falando dele e com ele através de antigas gravações tornou-se uma excentricidade crônica, algo "normal" para nós, e chegou a produzir coisas bonitas, como um show memorável no Canecão, "Viva Elvis", em agosto de 1996, com a participação de vários cantores de sucesso. A memória do genial cantor iria até servir de motivação para uma campanha que ele faria contra as drogas, anos depois.

A adoração pelo rei do rock era exagerada, mas não tão preocupante quanto um outro problema, este sim realmente sério e desagregador, que também veio a reboque do uso de drogas: os relacionamentos com duas mulheres explosivas na vida de meu pai. Situações que serviram de estopim para as piores crises na família, até resultarem na separação definitiva.

A primeira delas apareceu justamente em meu aniversário de 15 anos, que tinha tudo para ser um momento especial em minha vida, mas que acabou num clima superdifícil. Todos ficaram estarrecidos quando meu pai chegou acompanhado de uma mulher grande, com jeito vulgar, parecendo prostituta ou travesti. Foi constrangedor. Minha mãe passou mal, ficou arrasada, não sabia o que dizer. E ele, nitidamente alterado, não tinha noção do que estava fazendo, como se aquilo fosse a coisa mais normal do mundo.

A dependência de meu pai às drogas já se tornara o problema principal em nossas vidas, gerando em nós uma estranha codependência. Vivíamos aprisionados ao problema, preocupados com o estado dele, o humor, as reações explosivas. Todos com muito medo do que poderia acontecer no momento seguinte. Meu pai continuava saindo para consumir drogas com a amante, por mais que minha mãe sofresse e reclamasse.

Sempre cultivando a crença de que tudo ia melhorar, quando havia um momento mais ameno com meu pai ela tentava esquecer o que era ruim, só queria focar em coisas boas.

Algum tempo depois ela precisou ser hospitalizada, com uma doença que ninguém conseguia diagnosticar precisamente, cheia de manchas na pele. Era de fundo emocional, não tínhamos dúvida disso. Eu estava com muita pena de minha mãe, porque sabia a situação que ela enfrentava. Foi tratar-se no Brasil, sob os cuidados de seus pais.

Sozinha com meus irmãos, minha mãe ainda se recuperando no Brasil, meu pai trancado no quarto como de costume, ouvi um barulho no jardim e fui ver o que era. Uma pessoa estava entrando escondida. Firmei os olhos: uma mulher. A amante. Passou por uma porta corrida, de vidro, e foi direto para o quarto do meu pai.

Ao ver isso, me senti atingida por uma grave traição. Tive muita raiva, como se eu fosse minha mãe. Mais uma vez revoltava-me por ela. Fiquei uma fera: fui a passos largos até a porta do quarto do meu pai e bati com força. Cinco toques, uma vez, duas, mais fortes ainda na terceira vez. Ele não abria.

– Pai, abra a porta, preciso muito falar com você.

– O que é? – ele respondia sem abrir.

E eu insistia:

– Quero falar com você, é importante, me deixe entrar!

Insisti muito e ele não abriu, então decidi chamar meu irmão, de 11 anos. Foi a única vez que chamei alguém para me ajudar. Ele conseguia abrir qualquer coisa, tinha uma caixa de ferramentas, tentou de tudo, mas não conseguiu. Ficamos os dois esmurrando a porta trancada, chamando meu pai, e não adiantava.

– Sei que aquela mulher está aí dentro – gritei. – Não adianta mentir pra gente! Você acha que nossa casa é um bordel? Que você pode trazer mulheres pra cá? Com seus filhos aqui dentro? Não pode não! – Eu ficava falando isso e repetindo. – Tem que respeitar essa casa, respeitar a minha mãe! Seus filhos! Você não pode fazer isso! Não pode! Abra essa porta!

Até que ele resolveu abrir. A amante estava escondida. Meu irmão voltou para onde estava, foi ver TV, não quis participar da cena.

– Saia já daí, sua vagabunda! – entrei gritando, decidida e destemida. – Você acha que eu tenho medo? Você pensa que meu pai vai largar minha mãe por causa de uma vagabunda como você? Isso jamais vai acontecer! Jamais!

Ela apareceu. Vestida, normal, nada demais. Deviam estar consumindo drogas. Acho que era esse o relacionamento dos dois, muito mais do que sexo.

Como ela não entendia uma palavra de português, repeti em inglês o que tinha falado para meu pai, dando ênfase ainda maior em algumas expressões. Ela, calada, estática, sem esboçar qualquer reação.

Então ele sentou-se na cama, eu me sentei numa cadeira ao lado e lhe disse tudo o que estava sentindo, havia muito tempo, a respeito daquela situação. Desabafei, chorei, xinguei muito.

– Mau-caráter! Eu te odeio! Te odeio! Como você pôde fazer isso comigo?

Eu falava como se fosse a esposa dele, de tanta raiva e por me sentir também traída, com muita pena de minha mãe. Estava brigando com ele como achava que ela deveria fazer.

– Isa, por que você está dizendo essas coisas? – ele perguntava, tentando me acalmar. – Você sabe que eu te amo, não sabe?

– Isso não é amor!

– Calma, filha, me escute.

– Traz uma vagabunda para nossa casa e ainda diz que me ama? Eu te odeio!

– Filha, me entenda, eu amo você, amo seus irmãos... – ele fala isso querendo me amansar, num tom que me deixou mais revoltada ainda.

– Não ama ninguém, nem a você mesmo! Você nos trata assim e diz que ama? Que tipo de amor é esse? Acha que pode fazer o que quer com a gente?

Nos momentos em que eu o enfrentava de verdade, ele recuava, nunca respondia agressivamente. Ficou escutando, sem falar nada. Mas, de tanto ouvir as verdades que eu lhe dizia, ficou com raiva de mim e, para me calar, contou, sem qualquer cuidado, a história de como eu nasci.

Até então eu não sabia de nada, pensava que era canceriana, que tinha nascido em julho, em outro lugar. Sentiu-se acuado e decidiu contar-me tudo nesse momento. Foi o modo que encontrou de me agredir, a munição que tinha para reagir aos meus xingamentos. Só que contou do seu jeito, puxando a razão para si e colocando toda a culpa na minha mãe:

– Eu te amo, sempre fui carinhoso com você, mas a sua mãe não, ela não queria ter você, engravidou e queria tirar, você só nasceu porque eu não deixei que ela tirasse.

Aquilo me atingiu no fundo da alma. Fiquei muito mal, porque não fazia ideia de que tinha sido daquela maneira. Fiquei ouvindo, magoada. Um forte sentimento de rejeição tomou conta de mim. De alguma forma, meus pais não me queriam porque não me programaram. Preferiam que eu não tivesse vindo, tanto que me fizeram nascer secretamente. Para agravar ainda mais a rejeição, só aos 15 anos fiquei sabendo disso. E de um modo horrível, num momento péssimo. Se já me sentia estranha com tudo o que vivia, fiquei muito pior ali. Mas não demonstrei, não fraquejei, continuei brava, e disse a ele:

– Não estou nem aí para essa história. Dane-se! Você acha que vai me atingir com isso? Não faz a menor diferença!

Nem cheguei a sentir dor naquele momento. Continuei firme porque meu objetivo era expulsar a invasora de dentro da nossa casa. E acabei fazendo isso, aos empurrões e xingando-a de todos os nomes possíveis, até que ela saiu.

Depois é que parei para pensar. Fui para o meu quarto, muito nervosa, contei para meus irmãos, e disse:

– Amanhã vamos embora daqui. Não vou deixar vocês nesse ambiente de prostituição.

Precisava fazer isso, não tinha volta, porque eu estava sentindo nojo daquilo tudo e tinha falado com meu pai que nunca mais ele ia me ver, nem meus irmãos.

Liguei para minha mãe, aos prantos.

– Mãe, sou eu, Isa! Me ajude! – Eu falava e chorava ao mesmo tempo. – O papai trouxe uma vagabunda aqui para casa, mãe, me disse coisas horríveis! Estou com medo de ficar aqui com meus irmãos. Me ajude, pelo amor de Deus.

– Nossa, filha! Ele fez isso?

– Eu tive que brigar com ele e expulsar a fulana de casa.

– Isa, vou dar um jeito de voltar para ficar com vocês.

– Não, mãe! Não volte para este inferno, não volte!

– Mas não posso deixar vocês sozinhos com seu pai. Ele está surtado!

– Já pensei num jeito, mãe, eu pego os passaportes, meu e dos meus irmãos, e a gente vai ficar com você no Brasil.

– Vocês não podem viajar sozinhos, sem autorização. Vou aí buscá-los, espere só uns dias.

– Tá bom, mãe, mas venha logo, porque ele está com muita raiva de mim! Preciso ir embora daqui! Estou com medo!

Continuava chorando descontroladamente. Ela tentava me acalmar, mas eu precisava desabafar. Não tinha falado tudo ainda.

– Ele falou que eu nasci na data errada e que você não queria que eu nascesse! É verdade?

– Isa, isso não é verdade, é manipulação dele. O que eu disse a ele foi que não precisava casar comigo por causa da gravidez.

– Mas ele falou que você queria me tirar e ele é que não deixou.

– Minha filha, não caia nessa história, não fique nessa dúvida. Eu sempre quis ter você, jamais pensei em tirar. Um aborto ia contra o que eu acreditava, contra os valores de minha família.

– Então por que foi que me esconderam quando eu nasci?

– Vamos conversar com calma sobre isso, mas eu nunca imaginei que ia lhe causar sofrimento, só fiz porque achei que seria melhor para todos nós.

– Tá bom, mãe, mas venha logo. Depois você me conta direito como foi tudo isso.

– Vou aí sim, o mais rápido possível. Ele está desrespeitando você e seus irmãos, e isso é o que mais me preocupa agora.

– Venha sim, mãe, venha correndo – eu não conseguia dizer nada além disso. Apenas chorava e ficava pedindo que ela viesse logo.

– A gente combina e vou direto para a sua escola. Vocês não podem mais ficar nessa casa.

– Certo, vamos combinar sim. Beijo, mãe, não demore, venha logo.

Desliguei chorando e continuei assim por várias horas, com muito medo.

Não satisfeita, liguei também para o meu tio, irmão dela. Disse que precisávamos sair dali com urgência. Passei a noite inteira pensando, arquitetando um plano. Procurei os passaportes. Meu plano era fugir definitivamente, para que meu pai nunca mais visse a gente. Dar a ele um duro castigo. Hoje entendo que não é assim que se pode ajudar uma pessoa dependente de drogas a se curar, mas foi o que decidi fazer então. Era o que meu coração ferido mandava fazer, e fiz mesmo.

Disse a meus irmãos que ficassem dentro do quarto, sem fazer contato com nosso pai, sem contar nada do plano. E ele, refugiado na droga, não saiu do seu quarto. Ali estávamos nós, eu com meus irmãos e uma empregada que nos acompanhou a vida inteira, chamada Vita, uma verdadeira mãe, só que eu não podia confiar totalmente nela, que havia criado meu pai desde menino e fazia tudo o que ele quisesse. Vita nos contava que ele era realmente problemático desde criança, e que aconselhava meus avós a buscar um tratamento para ele. Lembrava-nos disso sempre que acontecia alguma coisa com ele, associando o que ele fazia depois de adulto ao comportamento que tinha na infância.

– Vita é legal, gosta da gente, mas o papai ainda é o xodó dela, tomem cuidado – avisei aos meus irmãos. – Ela gosta de nós, mas bem pode ficar do lado dele e lhe contar tudo de repente. Fiquem quietos. Não digam nada a ela sobre nosso plano!

Sentimos muito medo de meu pai descobrir nosso plano de fuga. Arrumei a mochila de meus irmãos e a minha, e deu tudo certo. Dois dias depois minha mãe foi me pegar na escola. Eu tinha levado os passaportes comigo. Em seguida fomos buscar meus irmãos, seguimos direto para o aeroporto e viemos para o Brasil.

Durante três meses ficamos morando na casa da minha avó materna, no Rio de Janeiro. E meu pai, sozinho em Los Angeles, sofrendo muito. Exatamente o que eu tinha planejado. Ele ligava todos os dias, várias vezes por dia. Ficava falando durante horas com minha mãe e meus irmãos, e chorava. Colocava músicas que tinham a ver com o que estava sentindo e que emocionavam a gente. Músicas de amor, de culpa, de abandono, do tipo "não consigo viver sem vocês", letras específicas que ele escolhia. Só eu não aceitava falar com ele.

Eu e todos, amigos e família, dizíamos a mamãe que não voltasse, que não caísse na conversa dele. Mas ela caiu mais uma vez. Até entendo sua reação, porque tudo aquilo mexia muito com as emoções, até mesmo comigo. Meu pai ficava bonzinho, prometendo mudar de vida, e conseguia convencer minha mãe, novamente, enquanto eu continuava revoltada, dizendo a ela que seria um absurdo, uma loucura, um perigo, voltar para ele.

Antes da viagem de volta, fomos a vários advogados. Eu ia junto e falava tudo, enquanto ela concordava sem falar nada. Os advogados davam seus pareceres, garantindo que ela não perderia seus direitos, desde que falasse os seus motivos. Bastava confirmar aquilo em juízo. Ela não me desmentia, mas não queria contar o que estava acontecendo com a gente, porque achava que aquilo ia prejudicar meu pai. Ela só admitia pedir a separação, sem justificar, sem dizer nada mais. Fugia da verdade, assim como meus avós paternos. E eu, por não querer compactuar com aquilo, era tida como louca: ficavam com raiva de mim, mas eu me sentia a única pessoa lúcida entre eles.

Já marcado o regresso aos EUA, eu não concordava em voltar, mas não tinha escolha. Sabia que nada ia mudar, que ele ia ficar normal por algumas semanas, talvez alguns poucos meses, e depois começaria tudo outra vez, do mesmo jeito.

Foi exatamente o que aconteceu. As mesmas amizades estranhas, as mesmas ausências, os mesmos delírios. Dias inteiros trancado no quarto. Noites inteiras sabe-se lá onde. Comportamento agressivo, brigas. Meu pai subindo armado no sótão ou na árvore do jardim, em surto paranoico, procurando supostos invasores. Tudo voltara ao "normal".

Certa vez ele viajou de repente, deixando minha mãe arrasada como nunca. Procurei saber o que estava acontecendo e descobri que ele tinha ido a Paris com uma nova amante.

Enquanto a outra tinha um corpo enorme e jeito vulgar, essa agora parecia uma mulher fina, era magrinha, delicada, mas literalmente vagabunda, muito mais profissional do que a primeira. Trabalhava numa casa de prostituição frequentada por milionários, artistas famosos e políticos, um lugar onde meu pai chegou a levar meus irmãos como quem saía para almoçar. Certa vez, a polícia invadiu o lugar e ela chegou a ser presa com as outras mulheres e a cafetina.

Fiz uma busca pelo cartão de crédito, achei o nome do hotel onde eles estavam hospedados, liguei para lá e mandei chamá-lo ao telefone.

– Pai, tudo bem? Como está aí?

– Tudo bem, filhinha, e você?

– Nossa, então você foi para Paris sozinho? É mesmo? Mas você não gosta de ficar sozinho, né?

– Pois é, mas tive que vir...

Eu estava indignada com aquela reação, porque tinha certeza de que a amante estava com ele.

– Chega, pai, vamos parar de teatro. Chame essa vagabunda aí!

– Quem? Que vagabunda? Você ficou louca, Isabella? Estou sozinho!

E eu gritava:

– Chame ela já! Chame ela! Agora!

– Não falei que estou sozinho?

– Chame essa vagabunda agora! – meu tom de voz foi aumentando a cada sílaba da frase.

Tanto gritei que ele colocou a mulher ao telefone comigo.

– Oi, Isabella, tudo bem? – disse ela, com uma voz de santa.

Que raiva!

– Oi, sua vagabunda! O que está fazendo aí com meu pai? Diga!

– Olhe aqui, minha filha...

– Não me chame de filha! Você não sabe que ele tem quatro filhos e é casado? Não sabe não?

– A gente se gosta, Isabella. Seu pai e eu...

Interrompi falando mais alto e rápido, jogando minha revolta em cima dela:

– Ele não vai ficar com você, sua burra, só está usando você para ser parceira dele nas drogas!

Silêncio do outro lado da linha. E eu gritando.

– Nunca vou permitir que ele abandone minha mãe, porque se ele fizer isso vai me perder para sempre! Querida, ele ama os filhos acima de qualquer coisa, está ouvindo?

Meu pai voltou ao telefone e continuei, agora para ele:

– Que bonito, hein, pai? Então você está aí em Paris? Mentiu para nós!

– E não posso viajar? O que isso tem de errado, Isabella?

– É errado sim! É muita falta de respeito com minha mãe! Ela está sofrendo e tentando esconder isso da gente, mas eu vou tomar uma atitude. Ou você larga essa mulher ou não vai me ver nunca mais!

Desliguei o telefone chorando e com medo, depois de brigar no meu papel de filha e fazendo as vezes de esposa, já que minha mãe não conseguia fazer nada nessas horas. Ela nem queria que eu fizesse aquilo, mas quem mais tomaria essa atitude, a não ser eu? Fui para meu quarto e comecei a jogar minhas roupas na mala com a ajuda de minha melhor amiga, Rosana. Minha mãe, coitada, só chorava, ao ver isso. Fui embora aos prantos, com Rosana, e deixei para trás, naquela mansão, além dos cacos da minha infância e puberdade, meus irmãos e mamãe chorando.

Instalei-me em um apartamento que meus pais tinham e que estava vazio. Resolvi fazer greve total com meu pai até que ele largasse a amante. Fiquei uns seis meses sem falar com ele. Fui trabalhar como caixa de loja no shopping Century City. Meu namorado dessa época, o Mickey, colega de escola, meu primeiro amor, me ajudou muito.

Fiquei morando no apartamento com Rosana. Meu pai, naquele estilo dele, ligava compulsivamente e deixava músicas gravadas na secretária eletrônica, que me faziam chorar. "Don't cry, daddy" – ele sempre usava essa música do Elvis para dizer que estava chorando. Nessas horas eu ficava péssima, balançada e com pena dele. Morria de saudades também, mas precisava me manter firme para ver se assim ele mudaria. Pura chantagem emocional, eu sabia, e consegui não ceder. Nas folgas do emprego, visitava meus irmãos, minha mãe, e evitava encontrar meu pai. Todas as manhãs, frequentava a *high school*. Mickey me ajudava muito.

Sempre fui muito forte, vivi com pouco dinheiro em muitas ocasiões. Longe da minha família me sentia muito só, mas ali tinha paz e estava refazendo minha vida.

Depois de uma grande crise, meu pai se esforçava para ficar amável, atencioso, chegando a manter aceso entre nós um fio de esperança, durante algum tempo. Porém, à medida que sua doença se agravava, os períodos de calmaria eram mais escassos. Em pouco tempo ele estava de volta ao seu inferno. Não conseguia se manter longe da droga nem das péssimas amizades que ela atraía.

Poucas semanas depois, voltou a se encontrar com a primeira amante. Ao descobrir isso, minha mãe não se resignou como das outras vezes. Mostrou-se decidida a enfrentá-lo sem medo. Diante disso, meu pai deixou de procurar a tal mulher, que, rejeitada, passou a persegui-lo com ameaças. Era tão louca que entrava escondida em nosso carro e colocava fotos dela com meu pai, para que minha mãe e todos nós víssemos.

Acompanhada do marido, mamãe foi à polícia e conseguiu uma ordem judicial proibindo a mulher de se aproximar de nós. Determinou-se uma distância que ela não poderia transpor, sob pena de prisão. Então ela permanecia durante horas na calçada, em pé, junto ao portão da nossa casa, fazendo chantagem.

– Não adianta fugir, porque você tem uma filha comigo! – gritava para meu pai e para todos ouvirem.

Ela nos chantageava, nos agredia, falava que a filha dela era mais bonita do que qualquer um dos filhos de meu pai com minha mãe. Fazia escândalos, completamente louca, com seu neném no colo. Meu pai registrou a filha mas não ficou com ela. Algum tempo depois soubemos que a menina havia sido entregue para adoção. Constatou-se que a mãe não era apta para cuidar da criança, que acabou sendo adotada por uma família, e a mulher foi internada num hospital psiquiátrico.

Mesmo tentando comportar-se bem depois de todos esses acontecimentos, ele tornava-se a cada dia mais descontrolado e agressivo. Não sabia o que estava fazendo, estava doente, em grave dependência química, viciado em crack. Minha mãe não aguentava mais e se mudou para o meu quarto, já que eu não mais morava lá. Ela precisava ter algum sossego, um pouquinho que fosse. Mas isso era impossível quando ele ficava muito agitado, invadindo o quarto aos gritos. Certa vez, quebrou a cama com um chute, dando gritos horríveis e ameaçando bater nela, exatamente quando eu cheguei em casa, alertada por um telefonema de meus irmãos, e entrei correndo no quarto para ver o que estava acontecendo. Outras vezes deixou-a trancada no *closet* – "de castigo", como ele dizia. Mandava o empregado levar comida e ela ficava presa lá, o dia inteiro.

Minha mãe não tinha coragem de denunciar, porque ele ameaçava vingar-se, caso ela fizesse isso. Não contava nem à mãe dele, por medo. Convivendo com uma pessoa drogada e em surtos psicóticos, ela passava a noite apavorada, sem conseguir dormir, não adiantou mudar de quarto. No meio desse desespero, ela só tinha um consolo: meu pai nunca era violento com as crianças.

Um dia ele estava especialmente agitado, dizendo que minha mãe tinha chamado a polícia. Armado com um pedaço de pau, ficou andando pelo sótão da casa, onde acreditava que os policiais já estariam escondidos para prendê-lo. Desceu depois de algum tempo, olhou as crianças e começou a falar mal de minha mãe.

– Vou matar essa mulher! Ela me denunciou à polícia! Vou acabar com ela!

Minha irmã, que estava com uma amiga no quarto, foi correndo avisar:

– Foge, mãe, sai de casa agora! Ele está muito nervoso, dizendo que vai te matar.

– Eu não vou sair e deixar vocês.

– Tem que ir, mãe, vai logo, não dá tempo pra nós irmos juntos. Vou ficar distraindo ele enquanto você foge pela porta de trás.

Para evitar uma possível tragédia, minha mãe saiu de pijama para a rua. O pijama era de moletom e, calçando um tênis, ela parecia estar com roupa de jogging. As ruas ficavam desertas à noite, naquele bairro residencial. Só havia mansões enormes, como a casa em que morávamos. Eram duas horas da manhã e não passava um carro, não havia ninguém.

Com muito medo de que ele saísse também pela rua para persegui-la, ela foi se escondendo pelos jardins das casas, o que também era perigoso, pois poderia ser confundida com um ladrão. Não conhecia nenhum vizinho.

– Meu Deus, me ajude! Que apareça um táxi nessa rua deserta! – rezava ela, desesperada.

De repente, dois faróis acesos vinham descendo a rua. Ela ficou com medo de que fosse meu pai. Ou de que fossem vizinhos, e achassem que ela estava assaltando alguma casa. Mas era um táxi. Livre. Apareceu do nada. Deus atendera sua prece.

Foi para um hotel e me ligou. Não podia ir para o apartamento onde eu estava, pois havia o risco de meu pai aparecer de repente. Correndo, fui ao seu encontro, com meu namorado. Ela me contou o que tinha acontecido e ficamos juntas até que se acalmasse.

Na manhã seguinte, depois de vários telefonemas, conseguiu hospedagem com um casal de amigos. Ficou no hotel mais um dia, imaginando que meu pai daria um jeito de cortar o cartão de crédito que ela usava, o que de fato foi feito. Os amigos foram buscá-la e, quatro dias depois, ela embarcou para o Brasil, decidida a conversar com minha avó paterna e tomar todas as providências para obter um mandado judicial e ir buscar as crianças.

Minha mãe estava certíssima em sua precaução de não ir para meu apartamento, pois logo ele foi lá, procurando por ela. Era conhecido pelo porteiro do prédio e entrou sem qualquer dificuldade. Passou primeiro pela garagem e furou todos os pneus do meu carro, subiu com meus irmãos, todos pequenos, e tocou a campanhia da minha porta. Tocou várias vezes e bateu com força. Assustada, vi pelo olho mágico a sua expressão de raiva e resolvi não abrir. Não adiantou: ele arrombou a porta com um chute.

– Pai, por que você arrombou minha porta?
– E por que você não abriu quando eu bati?
– Que loucura! Você não tem noção?
– Cadê sua mãe?
– Quase morri de susto! As pessoas do prédio vão achar que estou sendo assaltada!
– Sou seu pai. Esse apartamento é meu. Onde está ela?

Foi entrando com uma arma na mão. Atrás dele, meus irmãos, perplexos, assustadíssimos. Eu não podia mostrar fraqueza ou seria pior. Vasculhou meu quarto, o banheiro, a cozinha, todos os cômodos.

– Onde está sua mãe, Isabella?

– Não sei.

– Me diga onde ela está! Ela me deixou e quero achá-la, porque ela me abandonou!

– Não sei onde mamãe está e se soubesse não ia dizer. Não quero que você faça nenhum mal a ela. Se quiser, maltrate a mim mesma! Eu sou forte, eu aguento!

– Diga logo, Isabella! Sei que você sabe onde ela está!

Eu chorava muito, de raiva e medo. Não sabia o que fazer. Não estava acreditando que meu pai estava fazendo aquela violência conosco.

– Eu já disse que não sei, não sei! – E repetia, desesperada: – Não sei! Não sei!

Nessa hora ele encostou o revólver na minha barriga, gritando, descontrolado.

– Pra onde ela foi? Você sabe! Me diga! Diga logo!

Morri de medo. Olhava para meus irmãos, mais assustados ainda, com os olhinhos molhados, prendendo o choro, apavorados, e sentia muita pena deles, de todos nós.

Eles diziam com os olhos: "Isa, fala logo onde está a mamãe, ou o papai vai te matar!" Eu via no rostinho deles um medo terrível de que meu pai realmente desse um tiro ou me machucasse. Mas no fundo eu sabia que aquela explosão de raiva tinha um limite. Não queria acreditar que ele fosse capaz de algo tão violento com a própria filha. Minha prima, da mesma idade que eu, que estava de férias nos EUA, hospedada comigo, teve tanto medo que fez xixi na calça.

Percebendo que eu não ia mesmo falar, e acreditando ou não que eu não sabia onde minha mãe estava, de repente ele bufou de raiva e foi embora, levando meus irmãos com palavras ásperas e me deixando em prantos, perdida, sozinha, ameaçada, desprotegida. Mas eu precisava me levantar, não havia tempo a perder. Respirei fundo e fui avisar minha mãe do que estava acontecendo.

Nunca antes na vida tinha sentido tanto medo, e até hoje carrego comigo aquela horrível sensação. Mesmo não acreditando que meu pai chegasse a tanto, por um momento achei que ia morrer, ou apanhar muito. Quando ele saiu, quase lhe pedi que deixasse meus irmãos ali comigo, mas ele não ia concordar de jeito nenhum.

Alguns dias depois, arrumei minhas malas e parti para o Brasil. Era muito apegada à minha família, mas para sobreviver, pelo menos naquele momento, precisava ficar longe.

6
Lost Paradise

De volta ao Brasil, me senti feliz e aliviada. Apesar da angústia de estar sozinha, encontrava-me livre para fazer o que quisesse, sem as turbulências criadas pelo meu pai. No aeroporto do Rio, um motorista da família me esperava e fui direto para a tranquila São Sebastião do Paraíso, em Minas Gerais, quase na divisa com São Paulo. Cheguei no início do ano letivo e imediatamente me matriculei na 3ª série do ensino médio. As matérias eram muito diferentes do currículo na Califórnia, mas a maior dificuldade foi com o idioma, porque nunca tinha estudado no Brasil, era péssima em português, tinha dificuldade até para entender expressões nas conversas informais, e muito mais para escrever.

Era possível contemplar toda a cidade do terraço de nosso apartamento aconchegante, em frente a uma pracinha. Minhas amigas estavam sempre comigo na piscina, onde ficávamos tomando banho de sol. Às vezes fazíamos festas na fazenda da família. Alguns de meus melhores amigos, até hoje, são dessa época. Foram tempos ótimos: ali eu conseguia respirar, ter uma vida normal, mas era grande a saudade. Lembrava-me toda hora de meus irmãos, com preocupação. Como estariam eles?

Minha mãe tinha vindo antes de mim, mas ficou só uma semana no Brasil, porque dessa vez tinha objetivos bastante práticos e imediatos: falar com minha avó paterna, torná-la ciente de toda a gravidade da situação, obter com ela uma quantia suficiente para contratar um advogado e conseguir a guarda dos filhos perante a Corte norte-americana, para que eles não mais ficassem em situação de risco, por causa do agravamento da doença de papai.

Finalmente minha mãe se decidira a contar para a sogra tudo o que estava acontecendo: que meu pai estava tendo surtos violentos, descontrolando-se completamente, e que poderia até morrer de overdose se alguma coisa não fosse feita com urgência. Ele precisava ser internado, mas com certeza tentaria reagir e isso seria perigoso se as crianças estivessem em casa.

Vovó ouviu as notícias, nada boas, e estava resolvendo o que fazer, quando chegou outra notícia ruim: a mãe dela, minha bisavó, tinha morrido de infarto. Teve que ir no mesmo dia para o enterro, em Minas. Exatamente em São Sebastião do Paraíso, onde eu estava.

Preocupadíssima com os filhos, minha mãe queria voltar aos Estados Unidos o quanto antes. Sem avisar meu pai, viajou acompanhada por minha avó materna e se hospedou num hotel em Los Angeles. Contratou uma advogada, que começou a preparar uma petição de guarda dos filhos. E todos os dias passava de táxi em frente à nossa casa, tentando ver, de fora, se havia algum problema. Além disso, telefonava para a empregada salvadorenha, que também estava morrendo de medo.

– Quero ir embora daqui, dona Renata. Seu marido está cada dia mais estranho.

– Pelo amor de Deus, fique aí mais um pouco, Celina, cuide das minhas crianças!

Só muito tempo depois ficamos sabendo que alguém ligou do Brasil para meu pai contando que ela estava de volta para obter a guarda das crianças. Foi por isso que ele entrou em pânico, colocou os filhos no carro, de madrugada, e fugiu para Las Vegas.

Passamos dias terríveis, com o coração apertado, sem saber onde eles estavam. Eu telefonava para minha mãe a todo momento, ansiosa por notícias. Logo que ele foi preso, a advogada avisou minha mãe. Foram correndo para a delegacia, onde encontraram meus irmãos dormindo no chão.

Poucas semanas antes, ao decidir me afastar de tudo aquilo, eu não podia imaginar o que estava para acontecer. Agora, ficava o tempo todo telefonando para minha mãe, em busca de novidades.

– Como estão meus irmãos? Já estão com você?

– Não, Isabella, eles ainda estão sob custódia do Estado. Nem eu posso ficar com eles. Tive que responder a um interrogatório enorme.

– Sério?

– Perguntaram se eu era traficante, se era usuária de drogas, imagine! Respondi que não, nunca, então começaram a perguntar sobre seu pai. Expliquei que ele nunca foi traficante, mas que infelizmente é viciado. Falei que ele precisava de ajuda, de tratamento, fiz de tudo para defendê-lo.

– Mas... e meus irmãos? Não podem ficar com você? Vão ficar onde?

– A advogada está vendo uma forma de resolver isso. Tudo o que eu quero agora é ficar junto deles, mas esse processo demora um pouco. Talvez outra pessoa possa assumir a responsabilidade. O juiz só vai autorizar se eles forem para a casa de uma família estável, onde eles tenham toda assistência, remédios, cuidados, escola, tudo direitinho.

Deu certo: ela telefonou para um grande amigo da nossa família, casado, com filhos, e conseguiu que eles ficassem como responsáveis pelas crianças. Pelas leis americanas, meus pais eram considerados negligentes com os filhos. Ele, com o agravante do uso de drogas; ela, por abandono de lar, embora na verdade tenha sido obrigada a fugir por causa dos surtos violentos de meu pai.

Oficialmente aos cuidados de outra família, meus irmãos puderam ser liberados e minha mãe passou a ficar com eles todos os dias.

Meu pai, por sua vez, criou caso na prisão. Estava ansioso, tenso, agitado, brigando, reclamando de tudo e de todos. Não queria ficar ali nem mais um dia. A fiança era uma fortuna, mas ele não aguentava esperar que chegasse dinheiro do Brasil.

Mais uma vez, minha mãe ficou com pena dele e conseguiu o dinheiro rapidamente, hipotecando o apartamento onde eu havia morado. Assim ele foi libertado e pôde ir para casa, em liberdade condicional. Mas no dia seguinte chegou uma intimação do juiz: teria que internar-se numa clínica psiquiátrica, para um tratamento sério.

Em poucos dias, vovó foi também para Los Angeles, acompanhar o processo. Levou seu motorista, do Brasil, alugou um carro e visitava o filho diariamente. Até que um dia ele apareceu de surpresa no apartamento onde ela estava: tinha fugido da clínica e queria voltar para o Brasil de qualquer maneira. Arquitetou com minha avó um jeito de viajar sem ser preso no aeroporto. Marcaram a passagem de volta em nome do motorista, que fez o *check in* no balcão da companhia aérea, como se fosse para ele viajar, e depois entregou o cartão de embarque e o passaporte para meu pai. Naquela época havia pouquíssimo controle. Minha avó ficaria mais tempo nos Estados Unidos e o motorista faria um novo passaporte, alegando extravio.

Em Paraíso, de repente, o telefone tocou. Era meu pai.

– Oi, pai, tudo bem? Está ligando da clínica?

– Não, Isabella, fugi. Estou no aeroporto do Rio. Vou direto para aí. Tchau.

Fiquei perplexa. De certa forma feliz, por ouvir meu pai e saber que ia voltar a vê-lo. Mas, principalmente, com muito medo. Depois de três meses morando sozinha em Paraíso, tive certeza de que o período de tranquilidade chegara ao fim.

Por mais que o amasse, não podia concordar com aquela fuga, com a interrupção do tratamento e com a chegada dele, daquele jeito. Minhas preocupações infelizmente se confirmaram, pois ele não demorou a usar drogas novamente. Dias inteiros trancado no quarto, alucinações, depressão, comportamento estranho, cada dia pior. Às vezes se pendurava na janela do apartamento, dizendo que ia se matar. Eu morria de medo.

Mais uma vez me anulei para cuidar dele. Mal saía de casa, quase não via meus amigos, deixava de ir à escola para ver se meu pai estava se alimentando. Batia à porta do seu quarto para conferir se ele estava bem, se estava vivo. E ouvia seus gritos se falasse qualquer coisa que o contrariasse. Às vezes ele não deixava nem a empregada entrar em casa quando chegava para trabalhar, pois cismava que ela podia estar trazendo policiais de Los Angeles para prendê-lo, ou enfermeiros da clínica psiquiátrica para interná-lo, ou mesmo ladrões para assaltá-lo. Nesses dias eu tinha que cuidar, sozinha, de todas as tarefas da casa.

Com 17 anos de idade, não tive o direito de ser jovem. Sentia falta de alegria, de festas, de tudo o que uma menina adolescente gosta de fazer. Na virada do ano tentei algo diferente e chamei alguns amigos para uma festinha de réveillon. Foi um horror! Ele teve um surto e ficou andando armado pela casa, desconfiando das pessoas que estavam ali comigo. Chegou a dar um tiro pela janela. Todos ficaram estarrecidos, morrendo de medo.

No dia seguinte liguei para vovó contando tudo, insistindo mais uma vez na urgente necessidade de internação para que ele não piorasse ainda mais, e para que não continuasse prejudicando a nossa vida, a minha vida, a dele próprio.

Passei a sentir medo quase todo o tempo, até mesmo dormindo ou tomando banho, pois estava convivendo com um louco que andava armado pela casa. Durante o banho, ficava sentada no chão do boxe, pensando: se ele atirar, a bala deve ser na altura do coração e não vai me pegar. Era um terror! Um pavor que ficou gravado em minhas entranhas e que sinto até hoje. Às vezes me vejo assustada, sem motivo. Raramente consigo relaxar totalmente, pois fui obrigada a viver por muitos anos em situações de medo, mentira, insegurança, sem horizonte, sem chão.

Ele estava sofrendo, com muita saudade da esposa e dos outros filhos, mas não tinha noção do estrago que havia causado. Não admitia a ideia de se internar, achava que não estava mal e que não precisava de nenhum tratamento. Vovó acabou decidindo e contratou a clínica, providenciou a ambulância, mas foi preciso organizar um esquema de internação à força, os enfermeiros entrando de surpresa para evitar que ele escapasse. Era doloroso. E o pior de tudo é que depois ele ficava com muita raiva de mim, achando que aquilo só podia ter sido ideia minha, então eu tinha que lidar também com essa revolta. Ninguém tinha coragem de lhe dizer que aquilo era a única forma de tirá-lo do vício e da loucura, a única maneira de salvar sua vida. Ah, foi a Isabella – era o que ele entendia e ficava por isso mesmo: a culpa era toda minha.

Enquanto isso, minha mãe continuava lutando pelo direito à guarda dos filhos nos Estados Unidos. Eu telefonava sempre, falava com todos e chorávamos ao telefone.

Depois de alguns meses, a advogada conseguiu do juiz uma guarda provisória e as crianças puderam ficar morando com minha mãe. Minha avó materna também ficou por lá durante algum tempo. Toda semana mamãe se apresentava à Corte, assistentes sociais faziam visitas de surpresa para ver se as crianças estavam sendo bem tratadas, abriam a geladeira para conferir se tinha comida em casa, examinavam os cabelos para ver se tinham piolho, iam ao colégio checar se estavam indo à aula, falavam com os terapeutas... Até que, depois de muitas idas à Corte e uma boa dose de paciência, ela ganhou a guarda definitiva.

Sua intenção era permanecer nos Estados Unidos até que todos os filhos se formassem. Entrou com um pedido de separação, inclusive para mostrar que desejava manter as crianças protegidas, longe do pai. Acertou com a sogra uma pensão mensal, suficiente para dar aos filhos uma vida confortável, com empregada, motorista, terapia, boas escolas. E assim tiveram, depois de tanto problema, uma época mais tranquila, enquanto minha vida no Brasil tinha virado um inferno.

Minha irmã estava feliz, empolgada com os preparativos de sua formatura, um lindo baile e uma viagem da turma a Paris. Mas a tranquilidade em Los Angeles estava com os dias contados pois minha avó decidiu que todos deveriam voltar imediatamente para o Brasil. Se não voltassem, não ia pagar a conta do advogado, nem as despesas da casa, nada. "No Brasil ninguém me obriga a dar essa pensão. Estou fechando a torneira" – disse ela à minha mãe. Só tinha olhos para o problema do filho. A nora e os netos tinham a obrigação de ficar ao lado dele. Assim ela pensava.

Adeus, Los Angeles: nada de formatura para minha irmã. Todos agora passariam a viver outra realidade. Meus pais não mais voltariam a viver juntos, como marido e mulher. Minha mãe ficou em Copacabana, meu pai em São Sebastião do Paraíso – depois de mais uma internação infrutífera.

Não aguentei muito tempo mais. Por mais que gostasse deles, por mais que sentisse saudades, há tempos vinha ensaiando um caminho oposto, em busca do meu próprio rumo. Era uma questão de sobrevivência, precisava me encontrar. Fiz as malas e voltei sozinha para os Estados Unidos, para estudar arquitetura.

Desta vez sobrou para meu irmão, que resolveu dedicar-se à recuperação de papai. Aconteceu de tudo com eles, inclusive um acidente de carro, que capotou e teve perda total. Meu pai corria muito na estrada, fazendo loucuras. Felizmente os dois não se machucaram muito.

Assim como eu tinha vivido uma espécie de "loucura a dois", a codependência também cobrou caro de meu irmão por suas boas intenções. Ele fazia de tudo para que papai largasse as drogas, mas viu que isso era impossível naquele momento, então se propôs a vigiar o dia inteiro para que pelo menos o consumo fosse menor. Talvez dessa forma pudesse até curar a dependência aos poucos, imaginou.

Foi assim com todos nós: somente começamos realmente a viver quando, enfim, decidimos assumir nossas próprias vidas. Antes era impossível até mesmo fazer terapia. Meu pai exigia tanto de nós que era impossível viver uma vida normal. A gente não tinha cabeça para ir a lugar nenhum, era tanta loucura dentro de casa que ninguém conseguia fazer nada. Não conseguíamos dormir à noite com medo do que meu pai poderia fazer, então dormíamos durante o dia, desde que ele também estivesse dormindo.

Anos mais tarde, estudando o assunto, entendi que todos fomos vítimas de transtorno por estresse pós-traumático (TEPT), um tipo de ansiedade sofrida por pessoas que ficam expostas a eventos traumáticos. É o caso de soldados que vão para a guerra e, quando voltam, não conseguem ter uma vida normal tão cedo. Meus irmãos e eu vivemos muito tempo no *front* de uma guerra inglória.

7
Dharma

Não que eu estivesse fugindo deles, só estava tentando me encontrar. Na verdade sentia uma saudade dilacerante de meus irmãos, minha mãe, meu pai. Mas precisava de espaço próprio para sobreviver, crescer individualmente e superar aquela codependência que por vezes me levava ao fundo do poço.

Recapitulando as idas e vindas: havia deixado a casa de meus pais em Beverly Hills para morar sozinha num apartamento; quase morri de susto ao ser ameaçada por meu pai com um revólver e voei para o Brasil; acompanhei de longe a prisão dele e o sofrimento de minha mãe com meus irmãos; voltei a cuidar de meu pai quando ele chegou foragido... e quando o restante da família já estava de volta ao Brasil, decidi partir para viver novamente em Los Angeles.

Sentia-me em casa naquela cidade: minhas raízes, amigos, tudo meu estava lá. Aluguei um apartamento com minha prima Mariana e, logo que nos instalamos, fiz matrícula na UCLA (University of California, Los Angeles).

Seria tudo perfeito se não fosse um grande vazio em meu coração, que tentei preencher quando comecei a namorar Adam. Seus pais, Loirane e Michel, eram maravilhosos comigo. Acho que fiquei noiva principalmente por precisar de uma família. Sentia muita falta de um convívio familiar. Tinha conhecido o Adam na *high school*, quando eu era muito novinha e ele, alguns anos mais velho, nem ligava para mim. Ao reencontrá-lo anos depois, senti amor por ele, achava que era amor mesmo, e a família deu força, me acolheu. Logo me apeguei, e ficava na casa deles quase todo o tempo.

Quando lhes contei sobre a doença de meu pai, não tiveram dúvida:

– Isabella, vamos levar seu pai para ver o Sai Baba – disse-me Michel, apontando para a imagem do guru indiano, entre vasos de flores, num recanto nobre da sala.

– Boa ideia, pai – concordou Adam.

– Ele é nosso guru há vários anos. Meu filho do meio, o Justin, teve um câncer, fomos com ele a todos os médicos, aos melhores hospitais especializados, e ninguém conseguia curá-lo. Um dia eu e Loirane resolvemos ir com ele para a Índia, e lá ele foi curado, pelas mãos do Sai Baba!

– Jura? – perguntei, um pouco cética.

– Claro! Não tenho dúvidas de que foi graças ao Sai Baba.

Emocionado, Adam concordou acenando a cabeça e apertando minha mão.

– Quando voltamos a Los Angeles, fomos de novo aos médicos e nenhum deles soube dizer como o Justin estava curado. Ele, de fato, não tinha mais nenhum sinal do câncer.

– E aí? Vamos levar seu pai? – insistiu Adam. Embora fosse cético, ficou me incentivando, mas eu estava indecisa.

– Não adianta, meu pai não acredita em nada disso, não vai querer! E, mesmo que acreditasse, ele acha que não é doente nem viciado...

– Ligue para seu pai, no Brasil, fale com sua mãe também. Eles vão conosco! – o tom de voz de Michel transmitia a certeza de que Sai Baba seria para meu pai a cura definitiva.

– Como vou conseguir isso?

– Tente, Isabella. Ligue agora! – exclamou Adam, já colocando o telefone em minhas mãos.

De lá mesmo telefonei:

– Pai, o que você acha de irmos para a Índia ver o Sai Baba?

– Que Sai Baba?

Expliquei a ele sobre o guru indiano, venerado por seguidores do mundo inteiro, e sua fama de ter curado milhares de pessoas. Comecei dizendo o que sabia e Michel me soprou novos argumentos sobre o poder de Sai Baba.

Do outro lado da linha, ele parecia perplexo, sem responder sim nem não.

– Vamos, pai. Você pode se livrar das drogas lá! Várias pessoas já foram curadas – insisti.

– Não sei, filha, talvez...

– Ele faz milagres, pai!

– Será mesmo?

– Não quer mudar de vida? Então dê essa chance a você. Vamos tentar!

– Você acha? Não sei...

– Se você não for, pai, a única opção vai ser ficar internado mais uma vez, e depois outra, e depois outra, para salvar sua vida.

– Nada disso, Isabella, estou bem.

Vi que era impossível convencê-lo com argumentos racionais e me despedi dele, não sem antes insistir mais um pouquinho, então liguei para minha mãe e repeti tudo o que tinha acabado de dizer a ele.

– Mãe, convence o papai. Isso pode ser uma cura para todos nós.

Disse a ela que precisávamos tentar, pois já estávamos todos sem esperanças, e que essa opção podia ser uma possibilidade de ver o papai livre das drogas. Falei que não aguentava mais saber que ele estava correndo sério risco de vida sem que nada fosse feito, e que a gente não podia se conformar em vê-lo assim, e que desistir seria muito ruim. Tanto argumentei que ela cedeu:

– Tá bom, filha, vamos ver, mas você sabe que ele só vai se a sua avó concordar com isso.

Falei com minha avó, usando de novo e com muita ênfase todos aqueles argumentos e consegui convencê-la de que ele não tinha outra alternativa além dessas duas opções: ou viajar para a Índia e encontrar o Sai Baba ou ser novamente internado em uma clínica.

Tanto insisti que elas aceitaram, não exatamente por acreditarem em um milagre. O que mais pesou foi a oportunidade de viajarmos com ele, por um tempo. E a busca de uma solução diferente das internações, que não estavam dando certo.

– Está bom, filha, nós vamos – respondeu minha mãe ao final de mais um telefonema sobre o assunto.

Dei um grito de alegria.

– Valeu, mãe, muito obrigada! Que bom! Vai dar certo!

– Espero que sim, Isabella. Vamos nessa por você, por sua causa, porque estamos vendo a sua vontade de ajudar seu pai e acho que vai ser bom para todos nós passarmos um tempo juntos.

– Rezando junto com ele em busca da cura, mãe!

– Pois é, não custa tentar.

Mais tarde eu soube que, depois de ouvir meus argumentos insistentes, vovó tinha ligado para o filho, taxativa:

– Ou você vai para a Índia ou vai ser internado.

Meu pai não estava nada bem: poucas semanas depois de mais uma internação, tinha voltado às drogas. Minha avó, embora não fosse viajar com a gente, deu o ultimato e ele não teve saída: concordou em ir.

Fui dos EUA para a Índia com o pai do Adam e minha prima Mariana. Meu noivo não pôde ir porque tinha provas na faculdade e trabalhava em um escritório de advocacia. E meu pai, como não podia entrar nos Estados Unidos, decolou no Rio de Janeiro para nos encontrar em Nova Délhi, com minha mãe e minha irmã. Seria uma boa oportunidade também para ela.

Eu estava feliz em tê-los ali comigo, num ambiente livre das loucuras por que havíamos passado. Mas não tinha tanta confiança de que fosse dar certo. Sabia que, para qualquer tratamento desse tipo, a pessoa tem que querer. Eu tinha essa noção, por isso não acreditava muito na mudança de meu pai. Ele não se via como um doente, e sim como um empresário de sucesso, uma pessoa supernormal. Para ele, nós é que éramos loucos.

Era muito improvável que meu pai aceitasse cumprir fielmente as regras do templo. Ele sempre foi muito católico e não vai ter fé no Sai Baba, naqueles rituais, nem mesmo na necessidade de curar-se – dizia para mim mesma.

Mas eu queria acreditar. Todos nós queríamos que desse certo. Ficamos na Índia quase um mês. A pobreza do país nos impressionou, mas tivemos muita paz durante toda essa temporada.

Centenas de devotos com cara de europeus ou americanos e roupas indianas circulam pelas ruas de Puttaparthi, a cidade natal de Sai Baba, ao sul da Índia, muitos deles em grandes grupos, exibindo um lenço no pescoço com as cores da bandeira de seu país. Tudo ali parece existir em função do *ashram* do guru, como se a cidade inteira fosse um *ashram*, uma comunidade voltada para um trabalho espiritual. Sua imagem está em toda parte, em fotos nos painéis dos carros e nas paredes de quase todas as casas, amuletos e suvenires de todo tipo nas barracas de camelôs.

Nossa rotina diária na Índia: acordar cedinho, vestir aquelas roupas típicas (vestidos longos, com fios coloridos, dourados, lindos, e meu pai usava uma bata por cima da calça), tomar o café no hotel e seguir para o *ashram*.

– Pai, levanta, são 6 da manhã.

– Estou com sono, vou dormir mais um pouco.

– Levanta logo, está na hora!

– Só mais dez minutos. Daqui a pouquinho eu levanto.

– Temos que ir para o templo. E é agora.

– Vão vocês, depois eu vou.

– Não, pai, você tem que ir conosco.

– Vão vocês, já disse.

– Você vem conosco agora, estamos aqui por sua causa, para ajudar você!

Era assim quase todo dia. Ele acabava cedendo, levantava e saíamos rapidamente.

Muitos devotos iam para lá bem mais cedo, às quatro da manhã, quando os mantras começavam a ser cantados. Mas para nós já era bastante chegar por volta de 6:30, antes da hora em que o Sai Baba, sempre vestido com uma túnica cor de laranja, passava por entre os devotos sentados no chão, ansiosos para receber seu aceno, seu olhar. No momento em que ele entrava, a gente sentia realmente uma energia positiva. Parecia ventar, as árvores ao redor do templo se mexiam, era impressionante. Não sei como isso acontecia.

Mais de 500 pessoas permaneciam todos os dias, durante o dia inteiro, naquele enorme galpão. A grande maioria vinha de países distantes, mas eram raros os que conseguiam trocar uma palavra pessoalmente com o Sai Baba. Ao passar ele ia escolhendo algumas pessoas, e algumas vezes escolheu um de nós, para dar o *darshan*, uma bênção especial. De sua mão saíam cinzas, não sei como, uma cinza escura, fininha, chamada *vibhuti*, que os hindus consideram sagrada. Surgiam também balas, normais, dessas industrializadas. As pessoas que recebiam o *darshan* comiam aquela cinza e as balas como algo milagroso, com poder de curar. Às vezes, balançando as mãos, ele "materializava" também objetos como anéis, colares e até relógios. Os devotos ficavam em êxtase, emocionados com esses fenômenos que muitos veem como simples truques de mágica.

Meu pai não acreditava, estava ali por pura obrigação. Acreditava só no Elvis. Na primeira parte ele não ficava no templo, e sim numas barraquinhas fora, que vendiam refrigerantes, ou ficava deitado em alguma tenda do *ashram*. Os meninos, por alguns trocados, cuidavam dele, levando refrigerantes e doces. Ficávamos o dia inteiro, todos os dias. Almoçávamos lá mesmo, tudo vegetariano, frutas, cereais e legumes. O mais saboroso, para mim, eram os sanduíches de pão de forma com pepino e maionese.

Confesso que era muito chato, chegava a ser insuportável, ficar horas e horas sentados no chão frio, ouvindo mantras e tentando cantar alguns sem saber o significado, esperando a palestra do Sai Baba, sobre a vida, amor e paz.

– Se você deseja Deus, cultive dentro de você a sagrada qualidade do amor. Somente através do amor você estará apto a experienciar Deus, que é o próprio amor. Deixe seus pensamentos, palavras e ações serem inundados de amor. Deixe sua vida ser preenchida com amor, para ter a visão do Divino. O amor é Deus. Viva em amor!

Por mais monótonos que fossem, para a adolescente que eu era, aqueles dias inteiros num *ashram* lotado de devotos, eu estava gostando muito de me sentir em união com minha família. Mesmo ficando entediada com os rituais, ali eu tinha paz e meus pais perto de mim. Uma sensação boa que nunca tivera antes, e que não corria o risco de ser interrompida, porque estávamos ali com um motivo bem firmado para nós, ajudando meu pai a se cuidar. Ele não iria fugir daquele lugar, nem despencar nas drogas. Era muito bom senti-lo junto de nós por todo o tempo.

Uma vez o Sai Baba chamou meu pai e minha mãe pra conversar. Isso era raro, era uma oportunidade especial, uma pessoa ser chamada em meio a milhares de devotos. Perguntou-lhes o que buscavam ali. Minha mãe respondeu pelo casal: a harmonia e a saúde em família; a cura para o problema das drogas.

Sai Baba recitou para os dois uma oração de cura e lhes falou sobre o *dharma*:

– Para descobrir se algo em sua vida é bom ou ruim, perguntem a vocês mesmos: se vai contra a verdade e o amor, é incorreto, é *adharma*; se promove a verdade e o amor, e se contém bastante verdade e amor, então é correto, é *dharma*. Ele traz felicidade a si mesmo e aos outros. Basta evitar ações ou sentimentos que possam ferir os outros, que tragam infelicidade. Faça aos outros o que você quer que façam a você; isto é *dharma*. Ele conduz à alegria perfeita.

Dizendo isso, sorriu e entregou a meus pais dois amuletos com símbolos do *dharma*, para que eles se lembrassem daquelas palavras.

– O *dharma* nasce no coração. Lembrem-se disso, para serem felizes.

Meu pai disse que gostou muito, mas não o vi sair dali com a mesma emoção dos devotos que tiveram a oportunidade de conversar com o Sai Baba. Não estava usando drogas, parecia deprimido e sem energia, ficava emotivo e chorava muito durante a temporada na Índia. Durante esses dias conversamos como nunca antes sobre nossos problemas. Na verdade, ele chorava porque não queria que nada de ruim tivesse acontecido com ele e conosco, mas não enxergava os motivos. Havia perdido tudo e não sabia por quê!

Minha mãe, ainda magoada com tudo o que tinha sofrido em Beverly Hills, estava ali com a gente na mesma esperança que eu nutria, de ajudar meu pai. Mas sabíamos que não era fácil.

Eu conversava muito com ela, junto com minha irmã e minha prima. Perguntava se ela acreditava naquele poder de cura que tanta gente via no Sai Baba.

– Isa, é o que eu espero. Estamos aqui para isso, não estamos?

– Será que dessa vez o papai fica bom? – Em minha pergunta havia muitas outras, que eu hesitava em falar naquele momento.

Algum dia seremos uma família normal? Ele voltará a ser o pai e o marido carinhoso que era antes de toda essa história? Será que vamos ficar livres desse pesadelo? Guardava todas essas perguntas em meu pensamento e preferia abraçá-la, quando sentia que as respostas dela também eram contidas, revelando seu esforço para se mostrar determinada e confiante. Mamãe não conseguia esconder um tom de desalento em sua voz ao responder daquele jeito: "Estamos aqui para isso, não estamos?" – como se admitisse que aquilo tudo era insuportavelmente triste para nós, e que talvez fosse mais uma tentativa frustrada, e que depois ficaríamos perdidas novamente, sem saber o que fazer a não ser continuar tentando ajudar papai como fosse possível.

– Ele precisa querer ficar bom, precisa querer... – assim tentei responder à minha própria pergunta, para preencher aquela incômoda falta de respostas, enquanto abraçava minha mãe.

– Pelo menos ele está indo conosco todos os dias – ela respondeu baixinho, sem muita convicção.

Sim, estava indo ver o Sai Baba mas não parecia se ligar em nada. Estava ali porque havíamos decidido assim. Só isso.

Chorávamos juntos, conversando todas as tardes no hotel. Eram dois quartos contíguos, espaçosos, com esteiras, e ficávamos muito tempo ali, pela primeira vez conversando sobre nossa família. Eu olhava aquilo e pensava: Como é que minha mãe pode estar aqui de novo com ele, depois de tudo o que ele fez... – Ao mesmo tempo sentia muita pena de imaginá-lo sozinho. Achava que minha mãe deveria pensar antes de tudo nos filhos, porque nossas vidas estavam em jogo, mas por outro lado admirava o amor solidário que ela dedicava ao marido. E a sua enorme capacidade de perdoar. Era muita emoção, muita tristeza, com momentos de carinho. Em nenhum momento dessa temporada na Índia ele se mostrou agressivo.

Eu não tinha mais esperanças de que aquelas idas diárias ao Sai Baba fossem curar meu pai. Ele também não. Nunca tivera, até porque jamais acreditou que fosse doente e que precisasse curar-se das drogas. Não mostrava vontade de parar. Por mais que às vezes parasse por algumas semanas, depois de algum tempo voltava a usar.

Há poucos dias, buscando recordações para escrever este livro, encontrei uma foto feita por minha prima no quarto do hotel: com uma roupa típica indiana, eu estava deitada lendo mais uma vez o livro da Drew, que me ajudava a entender meus sentimentos. O que ficou mais forte em minha memória foram os fins de tarde no quarto do hotel lendo o livro da Drew e as conversas ao telefone com o Adam. Lembro-me disso mais do que de qualquer outra coisa daquela viagem. Chego a ter uma estranha sensação de que nem fui lá. Estava em missão, por isso não sentia – e até hoje não sinto – que estive realmente na Índia, no *ashram* do Sai Baba. Talvez a missão fosse grande demais para uma menina de minha idade. O foco era meu pai. Um "carma" complicado, para usar uma expressão também muito comum entre os hindus, que é o contrário do *dharma*. Somente ele, ninguém mais, podia equilibrar seu próprio carma. Por mais que ajudássemos, isso dependia exclusivamente dele.

Mais uma vez me vi como personagem de um enredo fictício, uma vida de mentira, de fantasia. Por que estávamos ali, se meu pai não queria estar? O que adiantaria todo aquele esforço? Estas perguntas gritavam dentro de mim, mas o amor que sempre senti por meu pai mantinha acesa a esperança de um milagre, sei lá.

Enquanto arrumava as malas para a viagem de volta, minha sensação era de tempo perdido. Mesmo nesse período, em que toda a emoção podia levar a uma vontade de mudar, nunca vi meu pai dizendo que ia parar, que precisava largar as drogas. Estava ali porque insistíamos com ele, e não por vontade própria. Não tinha propriamente um arrependimento, mas sim tristeza pelo que aconteceu, pelos negócios que perdeu. Não tinha noção do nível da perda. Sentia-se uma vítima de tudo, sem a consciência de que era causador de seus problemas. Só muitos anos depois ele se convenceu de que precisava se esforçar para sair daquele círculo vicioso e autodestrutivo.

O que eu trouxe de lá do Sai Baba foram aprendizados internos: de que o mundo pode ser melhor, de que a gente pode ser feliz com coisas simples, e de que era bom ficar com minha família! Ficávamos juntos o dia inteiro, num grande aconchego, então eu sentia que o Sai Baba era uma pessoa especial, dava conselhos ótimos e podia ajudar a quem queria ser ajudado.

Pouco antes de sua morte, em 2011, Sathya Sai Baba era considerado uma das cem pessoas de maior influência espiritual no mundo. Não por acaso aquele lugar recebia devotos vindos de 178 países, centenas de pessoas lotando o *ashram* todos os dias. Alguns decidiam largar todos os bens materiais e chegavam a doar tudo o que tinham, para ficar morando lá, vivendo aquela vida. Nunca chegamos a cogitar algo assim, muito pelo contrário. O que eu amava era estar lá com a minha família, passando todo o tempo juntos, e tinha esperança de que trouxéssemos conosco, para sempre, aquela experiência de convívio.

Ao fim de nossa viagem, a realidade: meus pais e minha irmã voltaram para o Brasil e eu fui com minha prima para Los Angeles. O pai do Adam havia retornado antes de nós.

Meu pai, depois de um tempo, voltou a usar drogas. Quando eu soube disso, insisti com minha mãe que deixasse minha irmã morar comigo nos Estados Unidos. Assim, por algum tempo eu cuidei dela, fazendo de tudo para protegê-la, praticamente como a uma filha. Naquele momento ela estava bem, superfeliz, sentindo-se num lar normal. Depois de alguns meses, voltou para o Brasil. Eu estava conseguindo levar uma vida normal, com momentos muito bons, só que eu sentia um enorme vazio de estar longe de casa. Acabei voltando ao Brasil, depois de um ano fora. Não aguentei ficar mais tempo distante dos meus. Sentia culpa de não estar com minha família, ajudando de alguma forma. Acompanhava de longe o que estava acontecendo e me angustiava saber das recaídas de meu pai, dos sofrimentos de todos. Terminei com Adam, que ficou desesperado e foi para o Brasil atrás de mim, mas não tinha volta.

Dessa vez, porém, o motivo do retorno não era somente meu pai. Na verdade, eu não estava bem: a bulimia era um problema grave que eu não conseguia mais esconder. Agora era eu que precisava de ajuda e queria pedir socorro à minha mãe. Talvez precisasse ser internada.

8
Truque perigoso

Aos 12 anos percebi que tinha medo de comer e engordar. Talvez para ser eternamente uma criança, manter para sempre um corpo de 10 anos e, assim, conseguir algum dia viver a infância que não tive. Ou para estar mais perto do meu pai, a filhinha pequena, magrinha, como na época em que ele me dava amor e atenção.

Então adotei um "truque" para emagrecer, que ele me ensinou.

– Vamos lá fazer um truque?

– Como é isso, pai?

– É o seguinte: tudo que a gente come, a gente vomita.

E me ensinou que, tomando milk-shake depois de comer, o vômito saía mais rápido. Toda vez que ele comia, tomava um copo grande de milk-shake e logo em seguida, no banheiro, enfiava o dedo na garganta. Mostrou-me como se fazia. Tinha toda uma técnica. Um processo louco, que me dava a sensação de tirar do corpo tudo o que é ruim. Até o chiclete que eu mascava, um atrás do outro, ansiosamente, passei a compensar bebendo bastante água depois, para vomitar aquele açúcar.

Comecei a sentir um certo prazer naquilo. Durante a refeição, levantava-me várias vezes para ir ao banheiro vomitar. Fazia isso todo o tempo, de dia e de noite. Tinha compulsão de comer, comer, comer. E, sendo vaidosa, não queria engordar, então vomitava.

Alguns anos mais tarde fui entender que tinha caído numa armadilha bastante comum, juntando dois transtornos opostos: a compulsão de comer por ansiedade (bulimia) e o medo irracional de engordar, mesmo se estiver com um peso abaixo do normal (anorexia). Não dá muito certo porque o alimento chega rapidamente ao sangue. Mesmo vomitando logo, o corpo absorve uma boa parte das calorias que ingere e a gente não emagrece como queria. Não é um emagrecimento de fato e sim uma sensação de ter menos peso. Aliás, o peso físico não é só o que pesa. Na ansiedade de vomitar sempre, a pessoa imagina estar jogando fora os problemas que tem dentro de si. O vômito é uma tentativa desesperada, quase sempre inconsciente, de botar a angústia para fora. Mas é claro que ninguém se livra dos problemas assim.

Aquilo era uma bola de neve: você começa a vomitar sem parar, mas não consegue emagrecer, aí passa a comer menos, se acostuma a comer pouquíssimo, e mesmo assim quer continuar vomitando. Os vômitos frequentes fazem mal à saúde, destroem o esmalte dos dentes, desidratam, provocam falta de potássio, alteram o ritmo cardíaco, causam inchaço no rosto, distúrbios gastrintestinais e complicações ainda maiores.

Além de cáries em todos os dentes, essa armadilha me trouxe fraqueza, depressão, mal-estar e baixíssima autoestima. Na escola, comecei a ter comportamento estranho. O inspetor, sempre atento aos alunos, percebeu que eu estava diferente: passava um tempo enorme sentada na escada, sozinha, meio apática, rosto triste...

– Isabella, o que está acontecendo? Você sempre foi uma menina alegre, o que houve? Está doente? Algum problema?

– Não é nada, tudo bem.

Acho que algumas colegas minhas tinham comentado com ele sobre meu estado. Antes, eu vivia rindo, rodeada de amigas, era uma pessoa muito ativa, alto-astral, e naquele tempo tinha ficado deprimida, fraca, isolada, estranha mesmo. Vivia vomitando escondida. Era um pesadelo, porque tinha medo de alguém me ver fazendo aquilo.

Ficava na escola o dia inteiro, tinha várias refeições por dia, e todas as vezes que comia qualquer coisa eu tinha que vomitar, não conseguia comer sem vomitar logo depois. Então precisava tomar cuidado, ir ao banheiro quando não houvesse ninguém lá, vomitar, fazer toda a limpeza e ter tempo de voltar para a sala de aula sem me atrasar. Mas sempre chegava em cima da hora e com os olhos vermelhos. Não que estivesse chorando, embora as pessoas pudessem pensar que era isso, mas sim porque o ato de vomitar era um esforço que sempre me deixava com os olhos avermelhados.

– Está chorando? – uma colega me perguntava.

– O que houve? – insistia outra.

– Está doente? – Devem ter achado que eu estava usando droga, fumando maconha, algo assim.

Um dia, quando eu tinha acabado de vomitar no banheiro, o inspetor me abordou no corredor. Estava me aguardando.

– Isabella, preciso conversar com você.

– O que houve? Tenho que voltar para a sala, já vai começar a aula.

– Mas precisamos conversar. Venha comigo até minha sala, é importante.

Só podia ser por causa daquela situação, a bulimia, os vômitos. Fora isso, eu não tinha feito nada errado, era ótima aluna.

– Isabella, você sabe o carinho que tenho por você. Sei a história de sua família e vi a dificuldade que você teve para se adaptar em nossa escola.

– É, eu sei, agora tenho amigas, namorado, os professores são bons, me sinto bem aqui.

– Sempre procurei ajudá-la, e tento fazer com que você se sinta melhor entre nós.

– Você é muito legal comigo.

– Tudo bem. Mas o que está acontecendo? Algum problema?

– Nenhum problema, está tudo certo e...

– Isabella, me diga a verdade – ele interrompeu com voz firme, sem perder a ternura. – Tenho visto você triste, apática, você não era assim. Está faltando às aulas de educação física, toda hora vai ao banheiro e sai com uma cara de choro.

Nesse momento não consegui mais me segurar e comecei a chorar muito. Ele parou de falar, me deu um lenço de papel e um copo d'água, esperou que eu falasse alguma coisa, eu queria segurar o choro e dar um jeito de sair dali, mas ele insistiu.

– Pode falar, Isabella, confie em mim.

– Não estou nada bem! Minha casa está um inferno! – desabafei soluçando. – Vivo com medo de meu pai. Ele está muito agressivo com minha mãe.

Não consigo me concentrar aqui, fico todo o tempo preocupada com eles.

– Você está usando alguma droga?

– Não, nada disso. Detesto drogas! Meu pai usa e é horrível, tenho pavor de qualquer droga, jamais vou usar.

– Mas então o que você faz no banheiro toda hora? Me contaram que está sempre vomitando. E os olhos vermelhos, essa apatia... o que é isso?

Não tinha mais como controlar as palavras. Contei-lhe que não conseguia parar com a compulsão de comer e vomitar. Disse tudo.

– Tenho que vomitar tudo o que como, para não engordar, e só consigo me acalmar depois que vomito.

– Seus pais sabem disso? – perguntou.

– Acho que sabem, mas fingem que não sabem.

– Bom, Isabella, vamos chamar sua mãe para conversar conosco sobre isso.

– Não adianta – respondi – porque eles não têm tempo para cuidar de mim. Ela já se sacrifica bastante cuidando de meu pai, que perturba o tempo todo.

— Mesmo assim, vou chamá-la.

Poucos dias depois, minha mãe foi à escola e me chamaram para participar da reunião na sala do diretor com ela. Não tenho certeza se ela já sabia do meu problema, mas no mínimo desconfiava. Sabia do meu pai, sem dúvida. Ele vivia exaltando a magreza nas mulheres, inclusive em nós, e nele também. Tinha bulimia desde os 18 anos de idade e sempre o vi vomitando. Por tudo isso, minha mãe não deve ter se assustado ao saber que eu também tinha a doença. A loucura era uma coisa normal para nós e aquilo estava longe de ser o problema mais grave em nossa casa.

Depois disso, agradeci ao inspetor, disse a ele que me sentia aliviada por ter-lhe contado meu problema, ele me respondeu que eu podia confiar totalmente nele, que podia desabafar quando precisasse, ficamos emocionados, nos abraçamos, mas tudo continuou como estava antes. Continuei vomitando e nunca mais contei a ele, só passei a tomar um pouco mais de cuidado. Aprendi a despistar, a evitar que me vissem.

Também com minha mãe nada mudou. Ela conversou comigo, ficou preocupada, mas estava totalmente envolvida com o problema de meu pai. E assim fui piorando, vomitando mais e mais. Mesmo quando não queria, vomitava naturalmente. Uma vez fui chamada para um trabalho, como modelo, e almocei antes de ir. No restaurante, escolhi uma massa que eu adorava, com um creme de alho, e senti que a comida estava me fazendo mal. Na volta do trabalho, vomitei dentro do carro do meu namorado. A partir desse dia, tudo o que eu comia e que era um pouquinho mais pesado, já vomitava sem fazer esforço algum.

Eu precisava ter controle sobre meu corpo e sobre todos os detalhes, nas situações do dia a dia. Havia ocasiões complicadas, em que precisava ir ao banheiro sem despertar suspeitas, então eu me ancorava num pensamento obsessivo: Preciso vomitar, preciso vomitar, preciso vomitar, preciso vomitar... – e repetia essa frase na mente, sem parar. – Tenho que ir embora, preciso vomitar, tenho que ir embora, preciso vomitar...

Em um jantar formal, certa vez, eu não podia ficar me levantando para ir ao banheiro. Senti uma ansiedade enorme, controlando os minutos que teria após o jantar para não dar tempo à comida de fazer meu corpo ganhar peso. Saí logo que pude. Tinha ido de carro (na Califórnia se pode dirigir já com a idade de 15 anos e meio), então fui vomitando pela janela do carro enquanto dirigia, porque achava que ia engordar se chegasse em casa sem ter vomitado. Já que não tinha como parar o carro no trânsito, vomitei com o carro em movimento mesmo. Esse era o desespero: chega a ser parecido com as drogas ilícitas, pois é também uma compulsão. Eu não sossegava enquanto não vomitava.

"Qualquer refeição, só em casa, porque lá eu posso vomitar" – eu vivia pensando coisas assim, a ponto de deixar de fazer coisas para me dedicar aos vômitos. Um problema que se tornava incontrolável, como acontece com o usuário de drogas que não consegue passar sem ela. Só meus pais sabiam, e não tocávamos nesse assunto. Eu escondia esse problema até mesmo de minhas melhores amigas e do meu namorado. Era horrível: quando estava com ele, inventava pretextos para ir ao banheiro, fingia que estava tomando banho, dava descarga, escovava os dentes toda hora.

Depois do incidente na escola, recomendaram à minha mãe que eu fizesse terapia comportamental, o que me ajudou em outras coisas, mas não na bulimia. De qualquer forma, me ajudou a falar de meu pai, a entender melhor as situações de minha vida. Foi o início de uma compreensão que pude aprofundar mais tarde com a psicanálise.

Quando morei sozinha em São Sebastião do Paraíso, por seis meses, a bulimia continuou fazendo parte da minha rotina. Era um hábito que eu já conseguia levar sem muita dificuldade. Viver longe do foco dos problemas, podendo pensar mais em mim, atenuou a ansiedade de comer e vomitar. Mas a volta de meu pai, fugido dos EUA, trouxe de novo a tensão constante e fiquei tão nervosa que piorou meu estado alimentar. Se já não estava comendo direito, a minha anorexia ainda se agravou e comecei a tomar remédios para emagrecer, que me davam um prazer momentâneo.

Eu tomava um comprimido de manhã, para não ter fome, e, algumas horas depois, batia um efeito colateral do remédio, uma apatia, uma depressão medonha, uma vontade de morrer, um sentimento estranho e totalmente fora do controle. Era um momento que eu não aguentava, tinha que fazer alguma coisa para acabar aquilo, então comecei a tomar um segundo comprimido, à tarde. Estava ali vivendo só com meu pai, ele trancado no quarto o tempo todo, eu trancada na preocupação de cuidar dele.

Melhorei um pouco quando decidi sair daquela situação e voltei para os Estados Unidos só com minha prima. A faculdade, a convivência com a família de Adam e a temporada na Índia me ajudaram a deixar de lado os remédios. Mas o retorno ao convívio com minha família, um ano depois, acendeu novamente a ansiedade.

O maior problema não era exatamente a bulimia, que ficou comigo dos 12 aos 17 anos, e sim o agravamento da anorexia, aos 16. Voltei aos remédios para tirar o apetite e depois de algum tempo percebi que estava me viciando seriamente naquilo. A experiência com meu pai serviu para me alertar do perigo de ficar dependente de uma substância química, qualquer que fosse. Eu sabia de antemão que aquilo era um ciclo tenebroso. Olhava no espelho e me via pálida, os olhos amarelos. A depressão tornava-se cada vez mais forte e insuportável, exigindo doses maiores de anfetamina. Foi então que resolvi pedir socorro à minha mãe. Telefonei e fui direto ao assunto.

– Mãe, estou péssima. Você não vê o que está acontecendo comigo?

– O que você tem, Isabella?

– Tenho bulimia, anorexia, estou ficando dependente de remédios tarja preta, depressiva, cada vez mais ansiosa, sem comer, doente mesmo! – Eu precisava chamar atenção para o meu problema e não poupei palavras nem emoções, estava falando a verdade. – Sei que você já está cansada da situação do meu pai, mas agora o problema sou eu!

Quanto mais ela tentava me acalmar, mais desesperado era meu apelo:

– Você não vê como estou? Desde os 12 anos chamo atenção para isso e vocês não estão vendo?

Se não for internada numa clínica urgentemente, vou morrer!

O apelo foi tão forte que, poucos dias depois, eu estava em São Paulo numa clínica especializada, onde tive uma grata surpresa, o maior alívio da minha vida. Eu sempre quis uma vida como aquela, cheia de regras e limites: sonhava em ter que obedecer aos horários e à disciplina de uma vida normal, coisas que não tinha em casa desde a infância. Aquilo sim era um paraíso: a clínica, um lugar onde ninguém quer ficar, era para mim um sonho de consumo, um lugar tranquilo, seguro, onde eu me sentia acolhida. Eu tinha que arrumar a minha cama ao acordar, tinha hora para tudo, rotinas, obrigações, e achava aquilo ótimo, tanto que não queria sair de lá. Cheguei a ter vontade de permanecer naquele espaço de normalidade, quando estivesse recuperada e me dessem alta.

Um dia conheci um rapaz que fazia tratamento em regime de Hospital Dia. Não estava internado como eu. Na sala de terapia em grupo, durante a aula de artes, ele me mostrou os quadros que havia pintado. No dia seguinte, na sala de música, veio puxar assunto comigo.

– Você não me disse o que achou de meus quadros.

– Achei todos lindos – respondi. Eram realmente bons.

– Linda é você. Por que está aqui na clínica?

– Estou internada por causa de bulimia e anorexia. E você?

– Eu não estou mais internado, hoje faço Hospital Dia porque estou em tratamento, por causa de problemas com bebida.

Pensei: Ih, eu conheço esse tipo de problema. Quero distância!

Mas os dias foram passando e Dudu se tornou meu melhor amigo na clínica. Ele me entendia, eu o entendia, falávamos a mesma língua. Além disso, era lindo, carinhoso, atencioso e sedutor. Contei-lhe todo o problema de meu pai e de minha família, ele também me contou os dele e já não conseguíamos viver longe um do outro. Desde o primeiro dia começamos a fazer todas as atividades da clínica juntos, empolgados com a nova amizade. Mais que isso: eu estava apaixonada e ele também.

Na clínica a gente não podia se beijar nem se abraçar, e ninguém podia saber que estávamos namorando, mas eu e ele sabíamos. Até fizemos planos: depois que eu saísse de lá, ficaríamos juntos para sempre.

Quando ninguém olhava, a gente dava uns beijinhos e muitos abraços, com amor e carinho enorme. Éramos como almas gêmeas. Um dia ele pediu à psicóloga para ser internado: inventou que estava mal, com medo de ter uma recaída. Foi tão convincente que ela o deixou ficar dormindo lá. Achei maravilhoso aquele gesto! Nossa, ele me ama mesmo! – pensava, feliz. Ele quer ficar comigo! Que lindo!

Sentávamos no sofá da sala de TV, após o jantar, e ficávamos conversando, fazendo planos, nos abraçando escondidos, de mãos dadas. Um dia ele falou:

– Isinha, quando sair daqui vamos ficar juntos?

– Vamos! – respondi sem pensar duas vezes.

Eu o amava, porém sentia um pouco de medo, pois ele tinha tido problemas com drogas, e também porque o achava infantil, ainda pouco responsável para uma vida adulta, mas o amor naquele momento foi maior do que minhas preocupações. Fiquei três meses internada. Ele, menos. Quando teve alta, nós dois ficamos arrasados. Ele ligava todos os dias para a clínica e ia me visitar. Eu tinha algumas regalias porque estava ali por vontade própria, então já podíamos ficar na cantina conversando e namorando, de mãos dadas, apenas isso. Mas como era bom!

Desde que saí da clínica, nunca mais tive os problemas que provocaram minha internação, embora ainda tenha pensamentos bulímicos e anoréxicos. Ai, meu Deus, hoje eu comi demais, não queria ficar com isso na barriga! Mas não fico pensando em vomitar, não faço mais isso. Sei que esses pensamentos que ainda me ocorrem, relacionados à bulimia e à anorexia, são normais e que não devo lhes dar muita trela, mas às vezes ainda evito comer por medo de engordar, ainda tenho muito essa preocupação. E algumas vezes, confesso, já senti vontade de ficar doente para ser novamente internada na clínica, onde tudo era tranquilo e controlado.

Trabalhando como modelo, via muitas colegas com anorexia e logo pensava: Ai, meu Deus, elas estão passando pelo que passei! As agências cobravam: "Você está gorda." Sempre acham que você não é magra o bastante. Se estiver magérrima, o máximo que lhe dizem é: "Está ótima, não pode engordar nem um quilo!" Eu sofria muito isso também, era uma pressão constante em meu trabalho. Já tinha me libertado da bulimia e da anorexia, mas comia pouquíssimo, por medo de ganhar peso. E até hoje tenho essa preocupação, embora não tenha tendência para engordar.

O que poderia dizer para as pessoas que sofrem isso? Que não adianta ficar sem comer para ser magra, porque isso não vai dar em nada. Uma hora você vai cair, vai se machucar, ser internada, não tem outra saída: se continuar anoréxica, vai ficar doente, parar de menstruar, os órgãos vão parando até morrer. É preciso procurar ajuda urgente e encarar a vida de verdade. Quer ser magra, quer ser modelo? Terá que comer pouco, mas não passar fome: tem que fazer exercícios físicos, mas precisa manter a energia, ter forças. Conheço pessoas assim e até falo com elas sobre isso, mas elas geralmente negam o problema. Olham-se no espelho e, mesmo estando magras, acham-se gordas, como se o reflexo lhes mostrasse uma imagem distorcida.

Mudei um pouco a maneira de agir e de pensar, mas ainda me controlo mais do que precisaria com a alimentação. Esse é o problema de quem teve distúrbios alimentares: a gente sofre para sempre com isso. Quem um dia teve bulimia ou anorexia sente praticamente o mesmo que um alcoólatra e um ex-viciado em drogas: pensa no vício todos os dias, sempre tem medo de perder o controle e cair novamente. Com essa experiência, também passei a compreender melhor o meu pai.

Logo que fui internada ele também foi, numa outra clínica em São Paulo. Estava tão frágil que nem tentou reagir. Vovó e mamãe ficavam esperando que meu pai ficasse debilitado para interná-lo.

Durante a minha internação recebi várias visitas dele. Saía da clínica onde estava e ia me ver. Em meu quarto, conversávamos, falávamos muito sobre o que havia acontecido em Los Angeles e ele não se conformava, ficava arrasado por não poder voltar ao lugar que mais ama e onde queria estar vivendo hoje, além de reclamar muito de ainda estar internado.

– Isa, quero sair da clínica!

– Mas você precisa, pai.

– Não sei por quê! É horrível!

– Você precisa se tratar. Eu também estou me tratando.

– Internação não adianta! Como é que você aguenta ficar aqui?

– Pai, a sua clínica é ótima – respondia sempre. – Logo você vai sair de lá, eu também saio daqui e vamos estar todos juntos.

– Não aguento, me sinto preso – ele argumentava. – Vou parar de usar drogas quando eu quiser, não porque estou em uma clínica!

Eu escutava meu pai falando isso e ficava triste por saber que ele voltaria a usar drogas logo depois de sair da clínica. Não sabia mais como ajudá-lo, sentia-me perdida ao vê-lo com aquela resistência de sempre. Eu estava ali para me tratar e acreditava no tratamento, enquanto ele estava internado contra sua vontade, sem acreditar nem mesmo que era doente.

Novamente eu me via no papel de mãe do meu pai, dando-lhe conselhos. Só que dessa vez eu estava cuidando de mim, e percebia com clareza que ele, infelizmente, não queria cuidar de si próprio.

– Está bom, pai, sei que você se sente preso e que não gosta desse tratamento – tentava ainda argumentar. – Mas essa internação é uma emergência para salvar sua vida, para desintoxicar.

Argumentos vãos: ele não entendia e não concordava de jeito nenhum, afinal, estava em abstinência, com raiva de quem o internou e sem entender a razão daquilo tudo. Tratamentos daquele tipo eram absurdos para ele, que se achava normal e não via nada de errado em usar drogas. Ficava claro para mim, a cada dia, que o problema dele não era só a dependência, e sim um distúrbio psiquiátrico, agravado pelo uso continuado de drogas por muitos anos. Ele já não tinha mais autocontrole, mesmo se quisesse ter.

Caminhando ao seu lado pela clínica, eu lhe mostrava o refeitório, a sala de TV, a sala de terapia de grupo, enquanto ele olhava em silêncio mas sem grande interesse. Quando nos sentamos num banco do jardim, comentou novamente:

– Não dá pra entender como é que você consegue ficar aqui...

– Já lhe disse, pai, estou aqui porque eu quero, eu preciso.

– Você pediu mesmo à sua mãe para ser internada? Que loucura, filha! Você não precisa ficar presa!

– Lá em casa eu não tinha como me cuidar.

– Como assim, filha?

– Pai, eu tenho que cuidar de você o tempo todo e me esqueço de mim mesma. Vejo você usar drogas e isso me deixa deprimida. Desse jeito não tenho mesmo condições de cuidar de mim, entende?

Ele ficou mudo. Continuei:

– Eu precisava parar com a bulimia. Estava sem comer, me sentindo doente, cada vez pior. E queria ficar num lugar onde houvesse paz. Aqui eu me sinto sozinha, sinto tristeza, mas pelo menos tenho paz, e sei que vou ficar boa da bulimia e da depressão, porque estão cuidando de mim e porque eu quero sair dessa.

Ele ria e repetia, como se já não tivesse perguntado antes:

– Mas como você consegue ficar aqui presa?

Eu buscava dentro de mim um pouco mais de paciência maternal, ria junto com ele e respondia de novo, a mesma resposta de antes, com outras palavras. Mas não eram as palavras o mais importante para nós naquele momento. A gente se abraçava muito, ele fazia carinho em mim e eu nele. Terminava o horário da visita e nosso diálogo acabava não evoluindo muito porque ele não conseguia mudar seu modo de pensar, porém o afeto se fortalecia. Eu me despedia dele com tristeza, pois o amava e via que ele não estava feliz.

Eu estava feliz, apesar de tudo. Sentia-me mais livre do que nunca, mesmo estando internada, presa a um monte de regras e limitações. Não podia fazer quase nada, nem telefonar, nem comer o que queria, não tinha minha família por perto, mas fora dali eu não encontrava tranquilidade, ninguém cuidava de mim. Na clínica, eu não tinha que cuidar de ninguém a não ser de mim mesma, não tinha que me preocupar com meu pai, mãe, irmãos, avós, e sim viver a minha vida, ter a liberdade de dormir em paz.

Sair curada de uma internação, como aconteceu comigo, foi um fato novo em meio a tantas internações de meu pai, que não davam resultado, e à doença de meu avô Wilson, que começou quando eu tinha 10 anos e nunca mais teve cura.

Ele ficou doente de preocupação e desgosto, não apenas por ver o filho cair na dependência de drogas, mas também por acompanhar o declínio da empresa fundada por meu pai, que era motivo de orgulho para os dois, e que antes prosperava. Sofria demais com isso e avisou meu pai inúmeras vezes, tentando convencê-lo a voltar para o Brasil para reassumir os negócios. Ele e minha avó iam sempre nos visitar em Los Angeles e tentaram por várias vezes nos levar de volta. Mas meu pai não queria sair do caminho desastroso em que se afundava cada vez mais. Refugiado nas drogas, nada mais tinha importância para ele. Deixou tudo completamente sem controle e a empresa sofreu um enorme rombo, uma dívida de muitos milhões. Quando não havia mais solução, meu avô pagou todas as dívidas e teve que fechar. Foi um grande desgosto, uma perda dolorosa, mas tinha que ser feito. Meu pai perdeu mais ainda o gosto pelo trabalho e pela vida real. E meu avô, depois de tanto trabalhar, adoeceu e nunca mais se recuperou.

A doença começou aos poucos e foi se alastrando. Minha avó tentou de tudo: durante anos seguidos, o levou aos melhores médicos e hospitais nos Estados Unidos, sem achar a cura. Foram muitas idas e vindas enquanto ele, infelizmente, se apagava, ano após ano. Teve Parkinson e Alzheimer, ficou 25 anos de cama, inativo, cada vez pior devido à degeneração da enfermidade, deitado inconsciente, embora de olho aberto, comendo normalmente, bem cuidado, até morrer em casa, dormindo. Minha avó Lourdes foi quem mais sofreu e sofre muito até hoje com a ausência dele. Eram muito unidos, um casal lindo e perfeito.

Foi mergulhando ainda mais fundo nas drogas que meu pai atravessou todo o longo período da doença de vovô Wilson. Esse era seu jeito de sofrer, sentindo falta da companhia e do amor paterno.

Em 2010, seria internado à força mais uma vez, por decisão de minha avó e a concordância de todos nós. Estava fazendo loucuras, constrangendo a sociedade, escandalizando, gritando nos lugares, fantasiando-se de Elvis, virando noites sem dormir, tomado pela euforia. Já estava em tratamento psiquiátrico, tomava alguns medicamentos e tinha parado de usar drogas, mas quando se achava bem parava de tomar os remédios, por sua própria decisão. Então voltava a ter surtos mas, ainda assim, não admitia a doença e achava a internação uma grande maldade da família.

Pouquíssimas vezes visitei meu pai durante essa internação, porque ele não parava de me pedir para tirá-lo de lá. Acreditava que as pessoas estavam sendo injustas com ele, que estava sendo vítima de uma verdadeira crueldade. Insistia tanto nisso que eu até ficava com pena dele, pensando em fazer sua vontade.

Quando recebemos a notícia da morte de vovô, eu e meus irmãos fomos falar com meu pai. Achávamos que ele ia ter um ataque, ia se desesperar, e ficamos surpresos ao ver sua reação meio apática, como se já soubesse há muito tempo que aquilo estava para acontecer. De qualquer forma, queria vestir um terno e ir junto conosco a Minas, para o enterro.

Falei com os médicos, mas não queriam deixar meu pai sair, porque ele poderia recusar-se a voltar e isso seria muito ruim naquela fase do tratamento. Reagi, procurei a direção da clínica e falei que ele precisava ir, precisava ver a realidade, realizar na mente a morte do seu pai. Apelei para vovó e ela concordou em contratar uma ambulância para levar meu pai com toda segurança. E assim ele foi, com médico, enfermeiros e todos os cuidados de praxe.

Teria que voltar para a clínica depois do enterro, mas aconteceu o que muitos temiam: ele fez um escândalo, uma enorme chantagem emocional com minha avó. Não queria voltar de jeito nenhum, estava mal, muito triste, não precisava daquilo, não era justo estar preso numa clínica. Com esses argumentos acabou convencendo sua velha mãe, que sempre passou a mão em sua cabeça de menino.

Vovó mais uma vez cedeu e o médico e os enfermeiros tiveram que voltar sem ele. Em casa, com o tempo ele foi se ajustando com os remédios, equilibrando-se na medida do possível. Não voltou a usar drogas. E, desde então, depois de mais de vinte internações, nunca mais foi internado.

9
Encontros e desencontros

— Quando sairmos daqui, vamos ficar juntos para sempre?

Essa pergunta, que ouvi de Dudu nas últimas semanas de internação, pulsava forte em minha mente ao deixar a clínica, depois de ter alta no tratamento contra a bulimia.

Fui direto para a casa dele, onde todos me receberam muito bem, embora um pouco assustados com a chegada repentina de uma namorada nova do Dudu, com quem ele já falava em se casar. Naquela época não era comum uma namorada ir dormir no quarto do rapaz, mas demos um jeito. Nossa primeira vez foi no quarto dele, com muito amor e confiança. Naquele momento tivemos certeza de que seria para sempre. Éramos como crianças e adolescentes, na certeza que sentíamos de que tudo é para sempre, desde a alegria até a dor. Acima de tudo éramos amigos íntimos, sabíamos de tudo, de toda a história das nossas vidas, contávamos um com o outro. Ele queria ter um filho comigo um dia e eu também sonhava em ser mãe.

Fiquei só dois dias, porque minha mãe foi me buscar em São Paulo e me levou com ela para o Rio. Alguns dias depois, ele foi atrás de mim. Ficou conosco e assim começou o verdadeiro namoro. Ele precisava voltar para sua casa, então combinamos de nos ver todas as semanas, uma no Rio, outra em São Paulo. Assim não ficávamos longe muito tempo.

Um ano depois, fizemos uma viagem a Cuba, com os pais dele, sua irmã Érica e o namorado, além de tios e primos. Convidaram-me e aceitei: estava apaixonada pelo Dudu e ele por mim, e me sentia parte da família. Passeios de barco e de helicóptero, praias lindas, e outras ilhas – como a paradisíaca ilha Saona, na República Dominicana, onde Brooke Shields filmou *A lagoa azul* – tudo era excitantemente romântico para nós. Mas nossos pais não permitiam que dormíssemos juntos, já que ainda não éramos casados. Eu dormia no quarto da Érica e Dudu, em outro quarto, com o namorado dela. Então fazíamos uma troca toda noite. Queríamos dormir juntinhos, éramos grudados, mas tinha que ser escondido. Dudu acordava bem cedinho e corria de volta para o quarto dele. Sua mãe ficava de olho, mas mesmo assim arriscávamos e conseguimos despistar.

Só não imaginei que fosse engravidar nessa viagem. Não tomava pílula, mas achamos que a camisinha funcionaria 100%. Algumas semanas depois, já no Rio, desconfiei quando a menstruação atrasou e logo fiz o exame. Ao ver que tinha dado positivo, joguei fora o pacote de cigarros e nunca mais fumei. Não queria fazer nenhum mal a meu filho.

Fiquei assustadíssima, muito feliz e com medo ao mesmo tempo.

E agora? Com quem vou falar? Como minha mãe vai reagir? Não parava de pensar nisso, com preocupação, medo e vergonha. Mas, ao mesmo tempo, feliz. E pensava em seguida: Ah, que maravilha! Meu sonho será realizado, vou amar muito esse bebê! – Fiquei tão radiante que meu medo foi sumindo.

Chamei minha irmã Gisa no meu quarto e contei para ela, que chorou comigo de emoção. Depois fui contar para minha mãe, que ficou apavorada. Mas me deu força e parabéns. Com a bênção materna, tomei coragem e contei para todos, com muita alegria: "Vou ser mãe, gente! Vou ser mãe!"

Para Dudu, contei por telefone. Ficou eufórico, queria casar correndo. Em seguida pediu ajuda ao pai, que concordou em alugar um apartamento para morarmos juntos em São Paulo. Assim tentaríamos viver bem um com o outro, tudo por nosso filho, que estava para chegar. Queríamos eliminar o problema da distância que estava criando conflito entre nós. Nossos pais conversaram e acertaram minha mudança, para viver com o pai de meu filho.

Tive muito medo de não dar certo, de ficar longe de minha mãe, minha casa, meus irmãos, meu pai, mas precisava tentar. Não deixo nada sem tentar, pelo menos.

Ele começou a trabalhar em uma editora desenhando histórias em quadrinhos. Era bom nisso. Eu ficava em casa, cuidando da gravidez. Arrumava a casa, comprava coisinhas, esperava o marido chegar, mas me sentia muito sozinha em São Paulo. Passava o dia completamente só! Não bastavam para mim as atenções da sogra e de todos os familiares de Dudu. Além disso, ele não levava o trabalho a sério e eu ficava insegura.

Havia amor e amizade entre nós, mas ele não me dava estabilidade emocional. Eu me via grávida ao lado de um homem ainda imaturo, de apenas 18 anos. Eu, com 19, também era muito nova, mas tive que amadurecer precocemente diante dos problemas que enfrentava desde a infância. Na verdade ele vivia plenamente a idade dele, eu é que não tive oportunidade de ser adolescente, nem mesmo criança, e já me obrigava a encarar a vida como uma pessoa adulta. Depois de tudo o que havia passado tive medo, pois pensava no futuro e não o via com ele. Senti que ele não era o homem da minha vida. Como vamos viver assim?, pensava ao vê-lo sem fazer nada e sem querer trabalhar. Isso me assustava e brigávamos muito. Tinha me casado por fuga, para ter minha própria vida, longe de meu pai. Fiz de tudo para ficar, para dar um lar ao meu filho, uma família normal, com pai, mãe, avós, tios, mas não aguentei. Tentava continuar junto dele por causa da gravidez, mas me vi novamente em um ambiente inseguro. Ficava apavorada, era um casamento horrível, vivia em outra cidade e não conseguia me desligar da casa de meus pais.

Não durou muito: confusa e com medo, resolvi voltar para o Rio e viver minha gravidez sozinha. Tentamos continuar o namoro de longe. Sabia que não ia dar certo, mas tentei. Ele não aceitava, foi sofrido para mim também, mas com o tempo aprendemos a viver separados.

Tinha engravidado em busca de minha própria liberdade, para formar minha própria família, para dar e receber amor, para preencher o vazio que sentia por falta de amor em casa.

A gravidez foi tranquila: passava meus dias lendo muitos livros, a maioria sobre educação e psicologia. Queria que meu filho tivesse uma educação diferente da que tive e fui buscar ajuda em livros. Eu colocava música para ele ouvir: com a caixa de som encostada na barriga, escolhia melodias bonitas e calmas para ele ouvir, porque sabia que isso fazia bem. Conversava com ele, dizendo que já o amava, que estava esperando ansiosamente por sua chegada, que ele sempre foi meu maior sonho de vida e que logo iríamos estar juntinhos. Contava um pouco da minha vida para ele. Nessas horas, muitas vezes chorei, então explicava que o choro não tinha nada a ver com ele, e sim com situações que eu tinha vivido na minha infância ou que estava vivendo enquanto ele crescia dentro de mim: problemas com o pai dele, problemas na minha casa. Na verdade eu não sabia ainda onde iria morar, nem sabia se meus pais me ajudariam na nova etapa que estava para começar. Eu não tinha estrutura alguma para cuidar financeiramente de um filho. Temia que o preço fosse muito alto para ganhar alguma coisa de meu pai. Não queria isso para nós: queria começar vida nova com meu filho. Tinha medo de minha avó nos impor a condição de morar com meu pai e continuar cuidando dele, para nos dar qualquer apoio financeiro, a mim e ao meu filho. Esse era meu maior desespero. Morar com eles seria melhor e mais cômodo, mas ao mesmo tempo eu sabia que o ambiente não seria bom para nós, por causa das loucuras do meu pai. Eu, que havia passado por tantos horrores e dificuldades, não queria a mesma coisa para meu filho.

Quando ele nasceu, as preocupações cederam espaço à alegria e a uma felicidade profunda, que eu não conhecia. Tive depressão pós-parto, mas nada sério. Acho que era o medo de ter que cuidar de outra pessoa, que dependia totalmente de mim, e eu não sabia como fazer isso. Mas venci a depressão, com ajuda médica e da minha família.

Era maravilhoso amamentar meu bebê. Sentia que ele era todo meu: estava ali completamente entregue a ele, e ele a mim. Um sentimento muito forte, e nada no mundo é mais lindo e emocionante do que isso. Não existe amor maior. Eu o amamentava geralmente no meu quarto, sentada em uma poltrona branca, a mesma em que minha mãe me amamentou, ou na sala, assistindo à novela. Cumpria rigorosamente os horários indicados para meu filho dormir, alimentar-se e passear.

Não sei como consegui educá-lo tão bem, só sei que consegui. Como tudo em minha vida, com muita vontade, garra, luta, dificuldade, esperança e amor. E o mais importante: com a vontade louca que tinha de dar a ele uma educação normal. Não queria que ele apenas sobrevivesse: queria que tivesse uma vida saudável, com alegria de viver, e se tornasse um grande homem. Para isso, procurava protegê-lo com todo o meu amor, dedicação absoluta, 24 horas por dia.

Os primeiros passos de João foram na casa do meu pai, no corredor enorme e branco. Ele caía e depois levantava. Brincávamos juntos o tempo todo. A melhor coisa que fiz até hoje foi ter tido meu filho, João Flávio: ele me deu vontade de viver e lutar para mudar e ser feliz. Tornou-se a pessoa mais importante em minha vida.

Dudu e eu continuamos amigos: amadureceu, é uma pessoa maravilhosa, saudável, ótimo pai para nosso filho. Até hoje faço questão de que João Flávio passe uma parte das férias e o Natal com a família do pai. Acho importante essa referência de família normal, que não tive.

João Flávio tinha 3 anos quando fomos morar novamente em São Paulo, agora em meu segundo casamento. Eu estava trabalhando como modelo, fazendo campanhas publicitárias e alguns desfiles. Não tenho altura para modelo de passarela, mas era muito chamada para fazer fotos de biquíni e lingerie. Conheci Eduardo em uma festa de nossa agência. Não foi amor à primeira vista: aos poucos ele foi me conquistando e conquistando meu filho. O casamento, sim, aconteceu de repente. Tínhamos convites de trabalho no exterior e minha família não permitia que viajássemos juntos, para ficar um tempo fora, se não fôssemos casados, o que já queríamos mesmo fazer. Casamos apenas no civil, com a presença de alguns amigos.

Antes disso, estava morando no apartamento de meu pai, mas ele nem foi ao casamento. Vivia trancado, em meio a uma de suas crises com drogas. Coloquei debaixo da porta do seu quarto uma carta avisando que ia me casar. Quando chegou o dia, bati várias vezes à porta, dizendo:

– Estou indo para o cartório agora, acorda, pai! Vem comigo! Vamos lá!

Nada, ele não saiu do quarto nem quando fizemos uma pequena recepção em casa, mais tarde, só para os melhores amigos e alguns parentes. Não era nada contra mim, era a loucura mesmo. Eu batia na porta, chamava, ele não respondia. Eu nem tinha vergonha dos convidados, porque todos sabiam do problema do meu pai. A vergonha que eu sentia dele tinha sido bem antes, desde a infância, a vida inteira. Nessa fase eu já não me envergonhava, mas é claro que sofria por dentro.

Logo que nos casamos, partimos para uma longa temporada de trabalho na França, Itália e Espanha. Meu filho não podia ir, era muito pequeno. Ficou na casa dos meus pais, aos cuidados de minha mãe e meus irmãos. Eu ligava todos os dias para ele, com muita saudade. Estava morando com Eduardo em Barcelona, e de lá tínhamos que ir para trabalhos em Roma, Paris e várias outras cidades. Foram cinco meses assim, com pequenos intervalos que eu aproveitava para ver meu filho no Rio.

Depois desse tempo eu não aguentava mais e falei ao Eduardo que devia voltar. Tinha que ficar perto do meu filho, meu maior amor, que precisava de mim.

Ele concordou em voltar para o Brasil. Tínhamos conseguido ganhar um bom dinheiro nessa temporada. Depois de algumas semanas na casa do meu pai, onde meu filho estava, fomos morar em SP, onde o mercado de moda era maior. Eduardo vivia disso. Alugamos um apartamento nos Jardins e levamos uma babá para nos ajudar. Éramos chamados para trabalhos diferentes, mas viajávamos muito juntos, e cuidávamos um do outro, com amor, carinho e confiança.

Quando estava em São Paulo, passeava com João pelo parque, jogávamos futebol todos juntos, íamos a cinemas, tínhamos um cachorro... Estávamos muito felizes. João via sempre o pai, Dudu, mas também começou a chamar de "papai" o Eduardo, que cuidava dele no dia a dia.

Mas ele precisava seguir sua carreira de modelo internacional, fazer dinheiro, cuidar de si. E, para isso, ou viajávamos todos juntos pelo mundo afora, ou então eu ficava no Brasil com João, enquanto ele viajava. Eu não tinha estrutura para isso, não queria ficar sozinha por vários meses, esperando o marido voltar de uma temporada de trabalho na Europa, principalmente em um ambiente que eu sabia não ser dos mais seguros: eu também era modelo e sabia o que se passava.

Voltei a viajar e sentia muita falta do meu filho, que tinha ficado no Rio. Eu vivia indo e vindo, não ficava mais de um mês sem vê-lo. No Rio, ficava com ele em um flat e, quando não estava, podia contar com o apoio da minha mãe.

Até que, na véspera de voltar de uma viagem, soube que minha avó tinha mandado tirar tudo do flat, que ela bancava financeiramente, e que tinha obrigado minha mãe a levar João para morar na casa do meu pai. Sempre assim, tudo em função do meu pai.

Cheguei ao Brasil com raiva da minha avó e também de mamãe, por acatar aquela ordem sem ter lutado por mim. Ela sabia que eu ia ter um ataque, ficar péssima, sentindo-me traída, enganada, e que ia ser um inferno criar meu filho no meio daqueles problemas anormais do meu pai. Jamais deveria ter cedido. Hoje não a culpo mais, a vida segue. Sempre fui uma mãe capaz de tudo para não prejudicar meu filho, e minha mãe não era como eu.

Decidi morar no Rio novamente, mesmo que fosse junto do meu pai. Viajando, me sentia preocupada o tempo inteiro, era muito difícil. Não soube lidar com isso e escolhi ficar com meu filho. Tive que ser racional, pensar no João, e resolvi me separar do Eduardo. Não queria meu filho viajando mundo afora sem ter amigos ou um lugar estruturado para estudar e criar vínculos. Queria uma vida boa para ele, uma infância normal, e não mudanças sucessivas de cidade e de país, cada hora vivendo em um lugar diferente. Queria que ele tivesse um lar mais seguro, com mais estrutura. Eu não conseguia mais viver para lá e para cá, e tinha medo do que pudesse acontecer com meu filho, de minha ausência ser prejudicial à sua infância. Queria que ele tivesse o que não tive: raízes, amizades para a vida toda, chão firme. Minha decisão pode até ter sido um erro, pois o Eduardo era maravilhoso para meu filho, mas fiz isso pensando no melhor para o João.

Quando Eduardo chegou de uma nova temporada na Europa, conversamos e terminamos. Disse a ele que nosso esquema de vida não estava dando certo. Eu não podia lhe pedir para não viajar, porque entendia as exigências da carreira dele, mas também não podia continuar acompanhando aquelas viagens, não só por causa do João, mas por mim também. Eu até gostava de ser modelo, mas não era meu sonho. Era muito tímida, não me sentia bem em certos trabalhos e não era o que queria para mim: um mundo supérfluo, com muitas pessoas falsas, que só pensavam em beleza, dinheiro e futilidades. Achava aquilo chato, e depois que passou o glamour, vi que era vazio, e que não combinava comigo. Queria fazer algo mais pessoal, queria começar uma vida realmente minha: estudar, escrever, fincar raízes, criar e seguir uma rotina mais normal e estável, pois viver como cigano não dava mais.

Aos cinco anos de casamento, nos divorciamos. Fiquei na casa do meu pai com João, e Eduardo voltou para Porto Alegre, sua terra natal. Depois de algum tempo lá, voltou ao Rio para trabalhar e foi morar com um amigo.

Nossa separação foi muito difícil, principalmente por causa do João: eles se amavam. Doeu muito em mim também, não queria ver meu filho sofrer. Mas tudo deu certo, os dois sempre mantiveram contato e até hoje são grandes amigos. Nunca nos afastamos, e Eduardo continua presente na vida do meu filho, tanto quanto pode. Sempre houve carinho e respeito entre nós.

Depois do segundo casamento, eu me via como se tivesse uma doença contagiosa. Sentia-me assim: dois relacionamentos que não tinham dado certo e eu sempre voltando a morar com meu pai. O lado bom era a companhia de meus irmãos. Ficávamos muito unidos, como se fica diante de um perigo constante.

Morar novamente com meu pai era um retorno a tempos de medo e ameaça. As crises dele continuavam e eu vivia arquitetando uma maneira de sair daquela situação. Não queria ter ido para lá, mas não tinha para onde ir, não tinha dinheiro, a única opção era essa. Minha avó sempre fez a gente morar com meu pai.

Restava uma saída: reencontrar o primeiro amor, o namorado que tive aos 16 anos, em Los Angeles. Nunca o esquecera. Estávamos sempre em contato e algumas vezes tinha ido até lá para visitá-lo. Por que não ir para ficar, já que a gente continuava gostando um do outro?

Relembrando hoje a história desse reencontro, percebo que não me mandei novamente para os Estados Unidos somente por causa de Mickey. Foi mais uma tentativa de me libertar da casa do meu pai.

Ainda existia amor, mas o clima era outro. Mais de dez anos haviam se passado em nossas vidas, percorrendo caminhos diferentes. Ele tinha permanecido solteiro, desde que estivemos juntos por algumas semanas quando eu deixei a casa dos meus pais em Beverly Hills. Foi meu apoio emocional quando papai invadiu meu apartamento com uma arma, mas logo em seguida voltei para o Brasil. Foi duro afastar-me de Mickey naquela ocasião. Ele também sofreu muito, mas não havia outro jeito. Nos anos seguintes, casei-me duas vezes, enquanto ele dava sinais de que continuava esperando por mim. Mas a Isabella que voltou para ele não era aquela menina de 16 anos. Levei muitas experiências vividas e um filho de 4 anos.

Ele tentava ser carinhoso com João, mas não conseguia aceitar que meu filho fosse de outro homem.

Mesmo sabendo que isso era uma atitude infantil, ele não superava o fato. Começamos a brigar muito. Ele vivia ocupadíssimo, em sua construtora, trabalhando até tarde da noite, e me vi como uma típica dona de casa americana, sem ninguém para me ajudar com João. Quando precisava sair sozinha, tinha que deixá-lo numa creche e morria de culpa. Ele não tinha escolhido ir para aquele país. Era um desejo meu, que por sinal estava deixando de valer a pena.

Pedi socorro a um antigo amigo: Almir e sua esposa já tinham sido minha salvação, e de meus familiares, em vários momentos. Quando minha mãe fugiu durante um surto do meu pai, eles estavam viajando, mas indicaram um casal amigo para abrigá-la. Quando meu pai foi preso em Los Angeles e nós já estávamos de volta ao Brasil, Almir era quem o visitava na cadeia. Quando meus irmãos precisaram de uma família que os assumisse oficialmente junto à Justiça, Almir e sua mulher foram os responsáveis.

Durante minha temporada anterior nos Estados Unidos, quando fui estudar arquitetura e acabei indo parar na Índia, em vários momentos ele me alertou sobre a tristeza que via em meu olhar. "Você precisa mudar isso", dizia. "Precisa olhar para o mundo, ter interesse pelas coisas que acontecem." E me dava jornais, revistas, livros, recomendava filmes, peças de teatro, discos, discutia política, me incentivava a sair mais, a conhecer pessoas, dava-me conselhos sobre a educação do meu filho. Se a psicanálise, alguns anos mais tarde, me fez olhar com mais lucidez para dentro de mim, Almir ensinou-me a olhar em torno e a aprender com os acontecimentos do mundo.

Eu me sentia sozinha, carente, desesperava-me às vezes, sem saber o que fazer. O desequilíbrio emocional me causava doenças físicas, eu sentia dores horríveis, de cair no chão sem conseguir levantar. Ligava para ele e pedia:

– Almir, pelo amor de Deus, preciso de ajuda!

– Onde você está?

– Em casa, caída no chão do banheiro. Não estou aguentando me levantar!

Ele morava a mais de 100 quilômetros de distância e vinha correndo.

Quando tive meu filho, foi a pessoa que pensei como padrinho, mesmo vivendo em outro país, porque sei que posso confiar totalmente nele. Estava novamente perto desse pai, Almir, e de sua família. Sua filha tornou-se minha grande amiga e os conselhos dele continuaram valendo muito nessa nova situação de minha vida.

O casamento com Mickey não ia bem e meu filho e eu não estávamos felizes em Los Angeles. Almir me convidava para um café e conversávamos. Eu era um monte de dúvidas. Não sabia o que fazer. Vivia pensando: E se...? E se...? Almir ajudou-me a pensar com clareza. Com sua ajuda busquei novas forças dentro de mim. E decidi voltar novamente para o Brasil, mesmo tendo como único pouso a casa do meu pai.

A saudade dos familiares, dos amigos e do Rio de Janeiro fez com que os primeiros dias da nova etapa no Brasil fossem ótimos. Estavam morando ali, com meu pai, minha irmã, a filha dela e meu irmão. Mamãe, já separada, estava morando com a mãe dela. No início foi ótimo estar com eles novamente, mas esse clima não durou muito tempo. Meu pai estava mergulhado na droga com todos os problemas que isso gera: tinha surtos de euforia, violência, delírios persecutórios, ficava agressivo conosco, era um inferno. E cada um tentava se proteger como podia.

Escolhi para meu filho o melhor quarto disponível, que ficava bem longe do quarto do meu pai. Eu pensava: É melhor assim porque, qualquer coisa que meu pai fizer de loucura, o João não vai escutar.

Enquanto isso, fiquei num quarto que era grudado ao quarto do meu pai. Perto demais de suas crises nervosas, pois de repente ele batia na minha porta, no meio da noite, gritando:

– Acorda, Isa, cadê minha carteira que estava aqui? Não está mais!

– Não vi sua carteira, pai. Nem entrei no seu quarto.

– Você entrou sim! Você quer o meu mal, você quer destruir minha vida! Abra essa porta!

– Claro que não! Você estava bem ontem, como é que fica assim?

A porta do quarto ficava trancada, mas meu pai batia com tanta força que eu chorava com muito medo. Se ele conseguisse entrar ali, no meio de um surto, não sei o que faria comigo, talvez não controlasse a violência.

Às vezes me escondia dentro do armário, durante horas, para que ele não me visse caso entrasse no quarto. Ele chegava a ficar o dia todo e uma noite inteira me atormentando. Durante todo esse tempo eu não abria a porta do meu quarto: guardava lanches dentro de uma geladeirinha para me abastecer nessas ocasiões, como se estivesse num cativeiro ou num abrigo antimísseis.

E ficava comandando a distância o dia a dia do meu filho. Não queria que ele visse nem ouvisse aquilo, então ligava pelo celular para a empregada e mandava chamar a babá:

– Dê uma volta com o João, passeie com ele pela calçada da praia.

Outras vezes, quando via que meu pai estava explodindo, eu dizia à babá que levasse João ao cinema, à lanchonete, qualquer coisa que o tirasse dali por algum tempo.

Às vezes, eu mesma ia para o quarto de João e, para protegê-lo, me fingia de palhaça, brincava, colocava músicas em volume bem alto, pois não queria que ele escutasse os gritos e surtos de meu pai.

Ele tinha total liberdade na casa, mas eu fazia de tudo para que não visse os surtos do avô. É claro que alguma coisa meu filho percebia, por mais que eu tentasse preservá-lo. Hoje converso de tudo com ele, conto o que passei, o que vivi.

Era um terror: foram mais três anos nessa agonia. Eu vivia com medo de que meu filho, então com 6 anos, sofresse o que sofri, passasse tudo o que passei e se tornasse uma pessoa insegura como eu era, com problemas de identidade e fraqueza de personalidade daquele jeito que eu tinha. Ficava preocupada de vê-lo tornar-se uma pessoa anulada. Toda minha baixíssima autoestima se transferia para o medo de vê-lo trilhando o mesmo destino que o meu.

Eu estava ficando louca com aquela situação. Não quero, não posso de jeito nenhum deixar meu filho morando aqui nesta casa! – acordava e dormia pensando isso. Até que resolvi partir para o ataque, escrevendo cartas e mais cartas para vovó e mamãe. Passei a insistir com elas, telefonando todos os dias: pedia, implorava, exigia que me dessem uma condição de sair dali.

– Pelo amor de Deus, preciso ir morar em outro lugar. Pode ser qualquer lugar, uma quitinete, o que for, mas preciso ter meu próprio espaço!

Como a decisão afirmativa demorava, apelei para a chantagem emocional:

– Se você não me ajudar neste momento, sem mais demora, se eu não tiver um apartamento para morar com meu filho, as consequências podem ser trágicas! – dizia para minha avó.

Depois de muita pressão, finalmente ela comprou um apartamento em meu nome, em Botafogo. Sua condição foi que daria um para cada irmão, igualmente. Dentro do valor que ela estabeleceu, escolhi o apartamento. Ela avisou que não me ajudaria mais, que agora eu ia ter que me virar, que me daria uma pequena mesada, só o básico do básico, para alimentação. E foi assim: eu ia conseguindo comprar os móveis aos poucos, com ajuda do meu pai, da minha mãe e do pai do meu filho.

Cheguei ao apartamento sentindo-me livre! Finalmente, um lugar onde poderia viver sozinha com meu filho. Feliz e apavorada, frágil: uma criança cuidando de outra.

Costumava ser forte para cuidar dos outros, mas não de mim mesma. Eu e meus irmãos crescemos sentindo sempre um medo muito forte, de tudo, e que ameaçou virar pânico quando finalmente saí da casa do meu pai, dessa vez não para me casar e sim para morar com meu filho. Uma fase nova. Um passo no escuro. Mas, ao meu lado, a presença dele me iluminava: meu filho me deu força para viver.

Sabia que tinha que sair sem muita coisa, sem dinheiro, sem apoio da família. Embora não me dessem suficiente apoio afetivo, até então eu tinha todo suporte material, empregada, motorista, secretária da empresa que fazia tudo para nós. Ao deixar definitivamente a casa do meu pai, perdi essa infraestrutura. Sabia que nunca passaríamos fome, por exemplo, mas quis trocar aquela segurança material por algo mais firme, mais profundo e verdadeiro. Paz, saúde, segurança e amor.

Uma nova etapa estava começando. Passei a ter noção do que era ter uma vida real, normal, com limites, compromissos, responsabilidades. Era como se estivesse acordando para viver a realidade pela primeira vez. Algum tempo depois acordei mais ainda: quando fui fazer análise.

10
Procurando Isa

Chamei meu filho, tomei junto com ele o café da manhã, conversamos um pouco, nos despedimos com um beijo de até logo, ele pegou a mochila, saiu para a escola... e voltei para meu quarto, chorando, deprimida.

Só não queria que ele me visse daquele jeito, por isso me segurava, até que ficasse sozinha. Nas horas seguintes, a depressão me paralisava. Sentia culpa de não ter feito por meu pai tudo o que podia ser feito. De não cuidar dele sem fazer mais nada além disso, como minha avó queria. E essa culpa virou pânico. Coração acelerado, muito medo, trancada no quarto, tomando antidepressivos, ficava péssima o dia inteiro. Em prantos, desesperada, com o passado insistindo em voltar à tona, sem nenhuma identidade, sem profissão, sem vida própria, somente um vazio enorme, procurei meu psiquiatra.

– Não aguento mais, doutor Robalinho, estou muito mal, deprimida, sem ânimo, sempre cansada, sem força para nada. Preciso de um remédio mais forte.

– O seu problema não é mais remédio – disse ele. – Não quero deixar você presa a um remédio que não vai ser uma solução. Sei que você quer mudar de vida, sair disso.

– Mas o que faço então?

– Isabella, conheço você desde pequena. Você não é doente mental. Você tem depressão, porque foi traumatizada, ameaçada a vida toda. Seu problema é comportamental, você está agindo assim porque sofre muito e foi ensinada a viver no padrão da doença. Mas posso lhe garantir que você não tem nenhuma doença psiquiátrica. Você é capaz, você pode mudar sua vida. Seu pai sempre foi doente, você não. Receitei antidepressivos em alguns momentos para ajudá-la, mas você não é caso de remédio.

Vendo em meu rosto uma expressão aflita, ele pensou um pouco e perguntou:

– Quer mesmo sair dessa situação?

Fiz sinal de sim com a cabeça, sentindo-me como uma pessoa que está se afogando e vê um salva-vidas nadando em sua direção.

– Tem que fazer psicanálise.

– Psicanálise?

– É, para se conhecer melhor, para ter mais forças de lidar com a sua realidade e ter uma vida equilibrada, como você sempre quis.

– Não sei se posso, doutor, minha avó não vai pagar. Ela nunca acreditou em psicanalista.

De fato, ela sempre disse que meu pai era normal e não via motivos para tratamento. Achava que ele consumia drogas por culpa nossa. Hoje entendo que ela sofria tanto com isso que não conseguia admitir conscientemente o problema do filho. Precisava culpar alguém por tudo aquilo, e as pessoas mais próximas éramos nós.

– Você precisa sim – insistiu o Dr. Robalinho. – Fale com sua mãe. É a solução para você. Já pensei em um bom psicanalista. Procure o Dr. Zusman, aqui está o telefone. Vou falar com ele sobre seu caso.

E agora? Será que consigo? Saí da consulta trocando a dúvida pela decisão. Tenho que conseguir! Falei com minha mãe, pedi que tentasse.

– Sem chance, nem pensar! – foi a resposta que minha mãe ouviu da sogra.

Liguei em seguida para vovó e ouvi a resposta diretamente dela.

– Isabella, o trato quando lhe dei o apartamento foi não ter qualquer outra despesa, só a mesada e as consultas do psiquiatra. Custos com psicanalista não estavam previstos. Além do mais, para que fazer psicanálise? Não há a menor necessidade.

Insisti sem sucesso. Ela estava inflexível. Mas eu tinha que conseguir. Só me restava a chantagem emocional, mais uma vez.

– Vó, ou você paga um psicanalista pra mim, ou vou morrer. É a única salvação pra mim, preciso viver.

– Não exagere, Isa.

– Não é exagero. Preciso me curar, estou mal. Chega! Vou ter que salvar minha vida.

Falei com muita raiva, gritando ao telefone. No desespero, resolvi fazer uma ameaça:

– Se não me ajudar a fazer psicanálise, vou aos jornais, à Justiça, vou dizer tudo o que passei, vou jogar essa história no ventilador. Isso é o mínimo que vocês têm que fazer por mim, para devolver a vida que eu perdi. Se não me pagar o tratamento que eu precisar, seja lá o que for... Quero ver qual o juiz que não vai obrigar você a pagar meu tratamento!

Eu não teria coragem de fazer tudo o que ameaçava e sabia que nem precisaria chegar a esse ponto, mas esse foi o melhor argumento que me ocorreu naquele momento. No máximo ia procurar um advogado, pedir meus direitos, mas não faria qualquer escândalo.

Ameaçar uma vez não foi o bastante. Foram inúmeros os telefonemas, cartas, bilhetes e recados, bastante pressão e gritos de socorro.

– Vó, quem está lhe falando é a Isabella, não é minha mãe, nem meu pai. Você sabe que nunca fui de ficar calada. E não vou ficar agora! – dizia-lhe.

Ninguém me orientou a usar esses argumentos. Vieram da minha cabeça. Eu achava errado agir assim, mas precisava: era uma questão de sobrevivência. Se estivesse com meu filho passando fome na rua, seria capaz de roubar para dar comida a ele. Seria justo. A minha saúde mental e todo o meu futuro estavam em jogo naquele momento. Era um ponto crucial, em que a doença ameaçava tomar conta da minha mente, era o limite entre a saúde e a loucura. Não aguentava mais sofrer, viver dopada e entupida de remédios que estragavam meu raciocínio, sem conseguir crescer, presa a uma terrível depressão. Tive que chantagear inúmeras vezes até conseguir.

Na primeira sessão de psicanálise, levei minha mãe comigo. Queria que ele visse que minha história não era um exagero meu, um delírio da minha imaginação, e que ela participasse também daquele novo passo. Contei ao Zusman as linhas gerais, nesse primeiro momento. Falei que preferia estar internada numa clínica a viver o que estava vivendo.

Comecei tendo sessões cinco vezes por semana e o tempo não dava para tudo o que eu precisava verbalizar. Pela primeira vez enxergava uma luz no final do túnel, e a certeza de que eu estava a caminho de uma verdadeira mudança. Isso era bom, mas ao mesmo tempo remexia em todas as minhas emoções e me deixava muito mal. Não tinha mais desculpa, ia ter que colocar a mão na massa e revirar o sofrimento acumulado, como quem limpa um porão cheio de poeira.

Cuidar de meu pai ou de qualquer outra pessoa era mais fácil do que de mim mesma. O Dr. Zusman estava ali para me ajudar, mas somente eu poderia resgatar a verdadeira Isabella que estava presa no passado.

Depois de alguns dias de mergulho, fiquei sem fôlego. Trancava-me em casa 24 horas por dia e só conseguia sair para fazer análise. Mal, muito mal, sentindo-me um lixo, e com vergonha do meu filho, que não podia me ver naquele estado.

Então pedi ao Dr. Zusman para me internar numa clínica psiquiátrica. Ele conversou com o Dr. Robalinho e os dois não quiseram atender ao meu pedido. Insisti, até conseguir que me internassem. Queria ser medicada, queria poder gritar, chorar, ficar histérica, ter quem me segurasse se tivesse uma crise nervosa, precisava me acalmar.

– Você não vai gostar, vai querer sair – disse ele.

E foi exatamente isso que aconteceu. No segundo dia eu já queria ir embora, não aguentava mais. Só tinha gente maluca, gente doida. Eu recebia um tratamento especial, podia ter no quarto o que quisesse, mas olhava em volta e só via loucos.

Mas não pude sair de imediato, por decisão do próprio Zusman:

– Agora você vai ficar um pouquinho mais, porque você precisa ver que não é doente. Vai ficar mais uns dias, para ver que não precisa mesmo ser tratada em clínica psiquiátrica.

Meu psicanalista ia me ver quase todo dia. O resto do tempo eu não fazia nada: ficava deitada, chorando, lendo livros sem parar. Os enfermeiros me davam remédios que me deixavam sedada. Por um lado achava bom, porque estava sendo cuidada.

Para meu filho, tinha falado que ia para uma clínica (não disse psiquiátrica, só "uma clínica") porque estava passando por uma crise nervosa. Melhor do que me ver mal era ele saber que eu estava em um lugar me tratando e querendo ficar boa. A empregada cuidou das coisas da casa e minha mãe ia vê-lo todos os dias. Ela também me visitava sempre, acompanhou tudo de perto. Nunca se descuidou dos filhos, era só uma pessoa fraca que ficou doente, codependente do meu pai. Fez de tudo para preservar a família, aguentou tudo para evitar rupturas ou escândalos. Achava que estava fazendo o melhor.

Quanto ao meu pai, não tive qualquer expectativa de que me visitasse. Tinha horror a clínicas e não entendia por que eu me internava por livre e espontânea vontade. Sua prisão nas drogas já fazia mais de 20 anos e ele ainda não percebia isso como doença. Eu precisava me libertar de vez daquela história que era dele e não minha.

Tive que passar pela experiência da clínica psiquiátrica para confirmar, mais uma vez, que não era louca. Foi como um rito de passagem para o caminho que eu começava a percorrer.

Os sentimentos de amor e ódio por meu pai estavam no início desse caminho, para serem destrinchados. Não foi fácil encarar a raiva que eu sentia dele e começar a entender que ele não fazia aquelas coisas de propósito. Foi difícil aceitar que ele era doente de verdade, que não era por maldade, por falta de amor. Eu ainda queria ter a esperança de que um dia ele ia melhorar, sair daquilo, voltar a ser uma pessoa normal. Carregava essa esperança incondicionalmente, até constatar que a doença dele talvez não tivesse cura e que não adiantava eu me anular para cuidar dele. Foi como um luto, como se me dissessem: "Isabella, seu pai morreu. Ele não tinha jeito mesmo. Agora você pode e deve cuidar de si." O início da minha cura foi como uma queda. Caí em mim, para então me levantar e, enfim, seguir em frente. Ainda tropeçando, cambaleante, mas avançando com meus próprios pés.

Viver em função da doença dele me impossibilitava de fazer qualquer coisa. Eu não sabia do que gostava, que música queria ouvir, com que tipo de homem gostaria de me relacionar, que estilo de roupa queria vestir. Não tinha minha própria vida. Adotava os hábitos e as preferências dos outros para preencher essa lacuna. Sempre tive personalidade forte, mas não sabia quem eu era.

– Já reparou que, nos seus relacionamentos, você não vive a sua vida e sim a da pessoa com quem você está?

A pergunta do Zusman não me surpreendeu totalmente, porque no fundo eu já sabia disso. Aceitava um relacionamento para não ficar sozinha, como uma boia de salvação. Tentando preencher o vazio de qualquer forma, para fugir da dor, era como se estivesse me afundando no mar e, ao ver algumas boias, agarrava qualquer uma, para não morrer afogada. Fazia isso por desespero, medo, fuga, por não confiar em mim mesma. Não importava a cor da boia, qual seria a melhor para mim naquele momento: apenas agarrava a primeira que aparecia na minha frente. Uma forma de escolha doentia e triste.

– Se você não se amar, como vai amar alguém?

Saía das sessões de análise com perguntas que só eu podia me responder, e com feridas abertas. Acontecimentos que eu nem lembrava, muitos deles guardados desde a infância, ganhavam significado forte na minha história. Tive várias doenças que, percebo hoje, devem ter tido fundo emocional. Aos 6 anos, minha mãe levou-me a uma clínica por causa de uma infecção urinária fortíssima. Estava com uniforme de escola e havia um monte de médicos ao meu redor, me despindo. Comecei a suar frio, com medo do que ia acontecer. Introduziram uma sonda, sem qualquer cuidado comigo. Depois disso, durante toda a infância tive pavor de médicos em geral.

Medo é um sentimento que sempre vivi. A vida inteira. Desde que me entendo por gente convivo com meus receios e agora sei que muitos dos temores de hoje são como um deslocamento no tempo, uma regressão.

Escorrego muito nesse espaço emocional, sem perceber. Mesmo tendo agora uma vida normal, com temores comuns a todo mundo, ainda sou muito visitada pelo sentimento infantil: sempre me percebo com medo de tudo, embora saiba que isso é coisa do passado. Perder tudo de bom que tenho conquistado e voltar ao sofrimento antigo é um pensamento que às vezes me assalta, porém não é mais todo aquele terror que antes me paralisava. Desde que comecei a fazer análise consegui mudar, arrumar o porão, colocar roupas mofadas no varal, equilibrar as emoções dentro de mim.

Mas ainda me perco e me sinto mal de pensar nas perdas que já sofri. Sempre que chego perto de algo importante para mim, preciso me controlar para não me boicotar, para não entrar numa atitude errada que pode destruir aquilo que estou conquistando.

Vivi por muito tempo em situações tão ruins que, quando estava um pouco menos pior, era bom. Em casa, mesmo com todo o pavor que eu tinha, era a única que falava e conseguia enfrentar, ligar para minha avó e contar o que estava acontecendo, brigar com meu pai, falar as verdades na cara dele, dizer que não era verdade o que ele dizia. Hoje eu não falaria com ele da mesma forma, discordando e desmentindo, porque tenho noção de que o esquizofrênico acredita realmente nos seus delírios e paranoias.

Revirar todas aquelas lembranças e sentimentos era um enorme sofrimento, que eu resolvi encarar disposta a rever o fundo do poço. Saía arrasada das sessões, passava mal depois. Todo esse processo se refletia no meu comportamento em família: passei a reagir de modo diferente, no início com as emoções ainda conturbadas, ou sem me preocupar tanto com meu pai, porque agora estava tratando de mim, e por várias vezes minha avó ameaçou deixar de pagar a análise. Isso me tirava do sério. Eu tinha que voltar aos antigos argumentos e ficava de novo me sentindo magoada, abandonada, rejeitada, agora com um novo medo: de perder o direito ao tratamento que estava ajudando a resgatar minha verdade.

Foram muitas as mentiras contadas para mim ao longo da vida, e era eu quem tinha que descobrir a verdade, investigar como um detetive, para desvendar o que de fato estava acontecendo. Que meu pai traía minha mãe; que ele não estava com uma doença qualquer nem com dor de cabeça, e sim usando drogas; que ele não estava trabalhando, e sim trancado no quarto fumando crack... E cada vez que desvendava algo, era uma dor muito grande. Começava a me sentir enganada, frágil e, ao mesmo tempo, sem saber em quem acreditar.

Mas essa dor era de crescimento. Cada mentira que se quebrava servia para construir um alicerce da verdade, e a cada mentira que se desfazia eu me fortalecia um pouco mais. Quando olho pra trás, agora, me pergunto: como foi que passei por tudo isso? Não é possível! Como foi que consegui me manter inteira?

Hoje encaro qualquer mentira como traição, que machuca, magoa, dói. Levo isso mais a sério do que outra pessoa que não teve os mesmos traumas, porque a vida inteira convivi com mentiras, desde o momento em que me esconderam, recém-nascida, por três meses. E, ao longo de vários anos, a imagem do meu pai como homem de negócios quando ele já não trabalhava e sempre tinha alguém fazendo por ele. Depois diversas outras histórias foram mal contadas, sem que soubesse o que de fato estava acontecendo.

Depois de saber que papai usava drogas, a convivência ficou difícil, tornou-se uma coisa maluca. Ele tinha raiva de mim quando estava comigo, porque eu era a única pessoa que lhe falava desse problema abertamente. A droga intensificou o distúrbio psíquico, que gerava muita agressividade e mania de perseguição.

Perdi a infância, a adolescência e grande parte da minha primeira fase adulta. Principalmente dos 10 aos 20 anos eu não pude viver como todo mundo, pois fui obrigada a ser adulta muito cedo.

Será que vou conseguir? Quando me faço essa pergunta, lembro que já tive que passar por situações muito mais difíceis e hoje estou aqui, sobrevivente, então é claro que vou conseguir superar mais uma vez. Isso é maravilhoso, entendo agora, mas nunca terei de volta o que deixei de viver. A vida normal foi roubada de mim e eu não tive escolha. Hoje tenho, mas, naquela época, não. Menina ainda, ou reunia forças para me levantar cedo da cama, cuidar dos meus irmãos e fazer tudo o que precisava ser feito, ou tudo seria muito pior.

A parte boa é que aprendi a me virar, a fazer de tudo. Mas tudo tem o seu momento: de ser criança, adolescente, namorar, ser mãe. Desde cedo eu tive que ser mãe do meu pai, da minha mãe, dos meus irmãos, do meu filho. Agora finalmente estou me permitindo ser mãe de mim mesma. Só recentemente passei a prestar atenção à minha cor preferida, por exemplo. Antes não parava para pensar nisso.

Um barzinho aonde eu gosto de ir, livros, discos, decoração da casa, eu não sabia nada do meu gosto pessoal, personalidade, preferências. Se a empregada perguntava o que meus irmãos gostavam de comer, o que eles iam querer no almoço, eu explicava minuciosamente as preferências de cada um. O tipo de prato, o molho, o refrigerante, a sobremesa, a roupa que gostariam de usar, eu sabia tudo. Mas se me perguntavam: "E você?" – eu não sabia direito. "Ah, qualquer coisa está bom."

Olhar no espelho era muito sofrido, e se o fizesse muito não iria ter força de ajudar meus irmãos. Quando me olhei com os olhos do meu pai, me achei gorda, caí na bulimia e na anorexia. Loucuras que faziam parte da normalidade em minha família. Uma vida de fantasia, em torno da doença dele, que nos enredava completamente, meus irmãos e minha mãe. Só olhávamos para nós mesmos, tentando sobreviver: não importavam as notícias dos jornais, porque os problemas já eram tantos que não queríamos saber de mais nada.

Não ver o mundo ao nosso redor era natural: não tínhamos tempo, vontade e nem saúde para isso.

Bem que tentávamos. Havia momentos de lazer e de prazer que eram como fugas para respirar um pouco: ir ao parque de diversões, ao cinema, fazer compras com minha mãe, assim como os passeios e jantares nas fases, cada vez mais curtas e raras, em que meu pai parecia melhor. Nunca uma vida estável com um dia a dia normal, de pequenos prazeres e pequenos problemas em família; sempre um mundo oscilante, com momentos muito bons ou muito ruins.

Na psicanálise não tive ilusão de ficar livre dos problemas, só buscava e busco uma vida real, com suas dificuldades, tristezas, alegrias, curiosidades. A questão é que cresci achando que só existiam os transtornos mentais, não fui acostumada às adversidades que as pessoas consideram normais. Então muitas vezes me assusto e chego a ter pânico, diante de questões triviais que não faziam parte da minha rotina. Como lidar com as demandas reais se eu só sabia lidar com a doença? Aprendi desde cedo a conviver com os surtos de meu pai e não conheci outros contratempos do dia a dia, como se durante todos aqueles anos nós vivêssemos dentro de uma bolha a ponto de explodir. Era uma questão de sobrevivência, não podíamos relaxar: eu tinha a sensação de que vivia armada para enfrentar uma guerra, várias batalhas por dia. Claro que não era sempre assim, mas na maior parte de minha infância e adolescência o desespero de salvar meu pai nos dominava, o foco era sempre nele, na doença dele, nas crises dele. Como ajudá-lo? Como acalmá-lo? Como viver mais um dia com todo aquele medo?

Mamãe se esforçava para ser uma boa mãe, tentava estar presente, junto dos filhos, mas a cabeça dela estava voltada para meu pai. Tinha muita pena dele e também o temia, como nós.

A psicanálise colocou-me diante desse medo e me fez acreditar na minha capacidade de superá-lo. Crescer, esquecer o passado, viver o hoje. Mas como? Quando você se acostuma a viver um padrão, é difícil escrever outra história. Às vezes dói nas entranhas da alma, mas vejo que vale a pena e por isso continuo lutando, pois sei que a dor passará e vou chegar a um lugar melhor se enfrentá-la sem fugir. Até hoje parece que estou renascendo, descobrindo uma vida nova, muito diferente da que me apresentaram na infância.

Meu pai está sóbrio atualmente, porém muito limitado. O uso intenso de drogas durante mais de duas décadas deixou sequelas. Isso me entristece, mexe comigo. É como um alcoólatra que se decide firmemente a nunca mais beber mas está fadado a conviver com o risco de recair a qualquer momento. Agora ele tem consciência do que se passou.

Hoje tento vê-lo uma vez por semana. Toda vez que vou lá, dou uma geral, marcando consultas médicas, olhando remédios, conferindo exames, vendo o que é preciso comprar, cuidando como se fosse mãe dele, por algumas horas. Sei que ninguém salva ninguém, mas sinto um forte impulso de me ocupar dele.

Às vezes pensava em não ir para a análise para ficar ali com ele, mas felizmente acabava indo. Durante vários anos deixei minha vida em segundo plano: por qualquer coisa que acontecia com meu pai, eu largava o que estava fazendo, trabalho, faculdade, o que fosse, para ajudá-lo. Não adiantou, não mudou nada, porque ele nunca assumia que era dependente de drogas. Hoje ele sabe, e eu sei que tenho que cuidar de mim, das minhas coisas.

É como nos procedimentos de segurança em viagens aéreas, quando o comissário de bordo avisa aos passageiros:

> Em caso de despressurização, máscaras individuais de oxigênio cairão automaticamente. Puxe uma delas para liberar o fluxo, coloque sobre o nariz e a boca, ajuste o elástico e respire normalmente. Auxilie crianças ou pessoas com dificuldade somente após ter fixado a sua.

Dr. Zusman me ensinou isso. Aprendi que, para cuidar direito do meu pai, preciso estar bem.

O codependente é doente também. Eu morria de medo de voltar a ser como era e ainda hoje há momentos em que me sinto sem armas para lutar. Parece que sou mais velha do que sou, pois não tive adolescência. Tudo é difícil, demorado, o medo ainda se insinua tentando minar minha capacidade de agir. Às vezes me vejo autoconfiante, outras vezes minha autoestima está baixíssima, mas não fico parada. Nunca fui dondoca, não gosto e nunca gostei de depender dos outros: corro atrás da minha independência e de meu filho. Entrei para a faculdade, cursei quatro anos de Direito, depois dois anos de Moda, não me encontrei nessas atividades, ainda não era o que eu queria de fato para mim, mas continuei buscando. Agora, vou me formar em Jornalismo.

O que antes me faltou, procuro preencher de alguma forma naquilo que faço, junto às pessoas com quem convivo, sendo a mulher que sou hoje. Criei meu próprio espaço, um blog para compartilhar minha experiência e ajudar pessoas que enfrentam problemas parecidos com os meus. Nessas páginas, escrevo o que sinto, centenas de pessoas se comunicam, fazem comentários, pedem conselhos, dão sugestões. Tudo isso me fortalece a cada dia e me faz sentir uma pessoa mais completa, mais viva, mais feliz.

11
Nada é ridículo se me faz sofrer

É muito doloroso você ver uma pessoa querida morrendo aos poucos, se arruinando, perdendo o controle, os limites, a razão e os princípios. Anestesiado pela droga, o dependente químico não tem consciência do mal que está fazendo a ele mesmo e aos que estão ao seu redor, causando desequilíbrio, instabilidade e destruição. Perde a noção do que é certo ou errado e vive um mundo de fantasia, onde só ele vê a vida daquela forma, o que torna a convivência extremamente difícil.

Sofri muito tentando cuidar do meu pai. Queria curá-lo, mas ele não conseguia ter consciência do problema, tornando-se impossível qualquer tipo de ajuda, como acontece na maioria dos casos. Meus irmãos e minha mãe também sofreram da mesma forma: os familiares sentem-se de mãos atadas.

Com a orientação de um psiquiatra e de um psicanalista, dois excelentes profissionais, além de frequentar um grupo Naranon, que reúne pais, parentes e amigos de dependentes químicos, aprendi por que razão os familiares também precisam de apoio e tratamento, mesmo que não usem drogas. Passei a entender que as pessoas próximas do dependente químico adquirem a síndrome da codependência, um sério transtorno emocional.

Só então descobri que aquilo que me fazia sofrer – tentar ajudar meu pai, esquecendo de cuidar de minha própria vida, e me anular em função dele, ficando refém dos seus comportamentos insanos – já vinha sendo estudado há décadas, e grupos de apoio em todo o mundo se formavam exatamente para lidar com esse tipo de problema.

Ao ler sobre isso, me dei conta de que muitas vezes devo ter até prejudicado mais do que ajudado. Interferir na rotina, tentando controlar horários de banho e alimentação, por exemplo, ou assumir suas responsabilidades, são atitudes que fazem o comportamento da pessoa problemática ficar ainda mais irresponsável. Codependentes se sacrificam para salvar e proteger o dependente químico, mesmo que para isso estejam agravando a situação dele. Estes são sintomas típicos da codependência, que eu já vinha percebendo na minha experiência com papai, mas de um modo ainda confuso, fragmentado, intuitivo. Não sabia com toda essa clareza, e ainda bem que descobri a tempo.

Custei a entender que meu pai não é o centro do problema: ele também foi e é uma vítima. A diferença é que reagiu de modo equivocado, ruim para ele e para os filhos. Tudo o que desejamos agora é seguir um caminho saudável, que apesar de não ser fácil, conduz a um tempo melhor.

Acontece que uma coisa é saber disso na teoria, outra é vivenciar essas situações na prática e, principalmente, as emoções envolvidas nesse dificílimo dia a dia. É uma luta diária: ainda tenho que lidar com os traumas por que passamos, e que são exatamente como quem participa de uma guerra, como já comentei anteriormente. O transtorno por estresse pós-traumático, classificado dentro do grupo dos transtornos de ansiedade, ocorre como consequência da exposição a um evento traumático. Quem sofre de TEPT acorda e vive com temor, passa o dia inseguro e tem dificuldade para dormir. É ansioso, assusta-se com facilidade, sente-se culpado e tem medo de viver, de fazer, de ser feliz!

Como resultado de tudo que passei, tornei-me uma mulher forte, sim, mas cheia de traumas. Imagine o que é, para uma menina de 9 anos, começar a perceber que algo muito estranho ocorre com a família dela, mas que ninguém diz, até que aos poucos ela toma consciência de um quadro horrível. No início, mesmo sofrendo na própria pele a gravidade da situação, essa menina ainda nutre esperanças de que as coisas melhorem, mas a cada ano a situação fica pior, muito mais horrível do que ela poderia imaginar. A mãe pensa em separação, a avó nega que haja problemas, o avô começa a padecer de uma doença incurável. Quando a menina surpreende o pai no auge do vício, drogando-se na própria casa em companhia de uma amante, ele reage revelando à filha, no pior momento, que ela foi fruto de uma gravidez quase abortada.

Essas são apenas algumas poucas cenas de um trágico roteiro que ficou profundamente marcado em meu comportamento. Já adulta, fazendo de tudo para me equilibrar, eu pedia ao psiquiatra que me submetesse a uma série de exames e não acreditava no diagnóstico de normal. Buscava encontrar alguma doença, mas não tinha.

O médico me explicava:

– Não adianta tentar descobrir uma doença, porque realmente você não tem, você é saudável.

Ser uma pessoa normal e saudável não estava na minha autoimagem. Eu não me sentia amada por ninguém, porque o amor que recebi como criança foi caótico. Desde a infância, antes mesmo da bulimia e da anorexia, tive comportamentos estranhos, querendo ser mãe da família inteira, cuidando de tudo, até mesmo quando minha mãe estava em casa. Desde os 8 anos de idade, eu me ocupava dos meus irmãos e não via ninguém fazendo o mesmo por mim. Cresci sem vivenciar amor dentro de casa e por isso comecei a procurá-lo fora, vivendo na dependência afetiva de namorados. Tinha personalidade forte mas estava perdendo a identidade, por não saber direito quem era eu.

Sentia-me tão rejeitada que abandonava a mim mesma para ficar com quem me deixava, pois assim talvez resgatasse o amor que me faltava. Fugir para outro lugar, morar em outra cidade, outro país, nada disso adiantaria porque eu não tinha ideia do que fazer longe da doença de minha família. Meu vício era cuidar dos meus familiares e isso me deixava doente também: estava emocionalmente presa àquela vida, mesmo sabendo que não era boa. A preocupação de saber o que era certo ou errado me tornava ainda mais confusa, culpada por estar ali e ao mesmo tempo mais culpada ainda quando pensava em sair daquele ambiente.

É muito fácil responsabilizar só o meu pai, porque ele é quem mostrava a loucura. As pessoas que compactuavam com aquilo também têm parte ativa na história: foi um problema coletivo, de toda a família, pois todo mundo participava disso de alguma forma. O importante não é pensar em culpa e sim em superação. Resgatar o amor que, mesmo distorcido, machucado, enfermo, enviesado, havia entre nós o tempo todo. Tanto é que sobrevivemos, vencemos, estamos aqui.

Ainda tenho medo de perder o que conquistei com tanto sacrifício e luta, medo de voltar a ser a velha Isabella que vivia para a família e abdicou de si mesma, durante longos anos, por não ter força para agir de modo diferente.

No entanto esse medo não me surpreende, porque desde que li o livro da Drew Barrymore pela primeira vez, aos 13 anos, já sabia que seria assim, mesmo depois de mudar minha vida:

"Eu penso naqueles dias todos os dias. Todos os adictos pensam assim também. Você nunca perde o medo de voltar para sua velha maneira de ser, voltar aos seus velhos hábitos e perder tudo o que conquistou" – dizia ela.

Apesar do temor persistente, sei que não vou perder o que conquistei e que minha vida jamais será como antes, pois mudei de verdade. Lutei para ter a vida e a paz que tenho, para estudar, para fazer um blog e escrever meu livro, lutei pela minha liberdade, para saber quem eu sou. E hoje sei. Racionalmente sei que não vou perder nada disso, mas também sei que o medo vive ali, no fundo de algumas lembranças jamais cicatrizadas. Tenho é que saber lidar com ele sem deixar que volte a me paralisar.

Também aprendi com a Drew um poderoso recurso para superar tudo isso: a gratidão. "Sou imensamente grata pela minha sobriedade" – dizia ela todos os dias, frequentando as reuniões do AA como qualquer outra pessoa. Na época em que comecei a ler seu livro, eu pensava: Será que um dia meu pai estará participando de um grupo assim, para se livrar das drogas? Agradecendo por estar sóbrio e saudável?

Quando foi entrevistado por um site de notícias, há poucos anos, meu pai festejava o fato de estar, na ocasião, há quase cinco anos sem usar drogas:

– Tenho total consciência de quanto mal eu fiz para a família que constituí, incluindo meus pais, meus irmãos e meus amigos verdadeiros – afirmava ele, acrescentando em seguida: – A droga não só leva a pessoa ao fundo do poço, como também pode torná-la um monstro. Por isso, peço perdão a você, a todos da minha família, aos amigos, e até aos funcionários da companhia que meu querido pai fundou (e a ele mesmo, no céu, onde tenho certeza de que está), peço perdão, em público, pelo sofrimento que causei por todos esses anos em que fui dependente de droga.

Este pedido público de perdão e a determinação em livrar-se para sempre da dependência química são gestos de um valor extraordinário. Acompanho a batalha do meu pai, com muito amor, respeito, admiração e solidariedade.

– Como se costuma dizer, mato um leão por dia para ficar longe da droga – comentou ele à reportagem.

Embora tenha se emocionado com o recado que Roberto Carlos escreveu para ele em forma de canção, "O careta", em 1987, com uma mensagem forte e bonita para os dependentes de drogas, meu pai não colocou em prática os conselhos naquela ocasião, simplesmente porque não conseguia enxergar e admitir sua própria doença. Mas, com certeza, o apelo do velho amigo calou fundo e veio se firmar em seu coração alguns anos mais tarde, quando todos os sofrimentos vividos transformaram-se em aprendizado para que ele, finalmente, se libertasse.

À medida que escrevo este livro e remexo em sentimentos e lembranças, minha história vai sendo revolvida em detalhes muito sofridos, e a emoção vem junto. Mas preciso disso, preciso aprofundar os sentimentos. Durante todo o trabalho de escrita precisei abrir baús que estavam quietos no fundo da memória há muito tempo. Sabia que era necessário deixar-me tocar novamente por emoções do passado e sinto que elas ainda contêm um pouco de mágoa. Por isso é que ainda dói.

Para transmitir tudo isso e me fazer entender, precisei revisitar o fundo do poço, um lugar abafado, incômodo e que parece fétido, embora fértil. Para fazer aflorar essas histórias, eu precisava me lançar numa viagem às profundezas que estavam encobertas e que agora revelo, trago para a luz do entendimento e da superação.

Hoje mesmo, fui caminhar na praia. Coisas tão simples como essa podem ser às vezes uma batalha para mim. São momentos em que ainda preciso lutar contra a tendência de ficar em casa, naquele torpor que batalhei para superar a vida inteira, aquele medo nem sei de quê. Então digo: Vou sair, sim. Não vou ficar aqui parada. Caminhar vai fazer bem para minha saúde.

Diariamente, luto para ter uma vida normal. Se para quase todo mundo isso é algo complicado, geralmente é muito mais difícil para mim. Preciso de uma mãe interna, uma voz carinhosa, firme e positiva que me ordene: "Você vai sair sim, Isabella. Vai à faculdade, vai resolver o que tem para resolver, vai fazer ginástica, vai à sessão de análise, vai tocar adiante os seus trabalhos. Esse esforço vale a pena, vai ser bom pra você!"

Conto ao meu psicanalista:

– Hoje fiz uma caminhada.

– Que bom! Você está conseguindo.

– Isso é ridículo – digo a ele. – Tanta gente anda no calçadão todos os dias, pratica esportes, frequenta academia... como é que eu posso achar o máximo estar caminhando de vez em quando?

– Você sofria antes por não conseguir fazer isso, vivia presa. Agora consegue, então não é ridículo.

– Como assim?

– Nada é ridículo se nos faz sofrer.

EPÍLOGO
Agora é viver

Conheço gente que tem vergonha de contar, até mesmo aos melhores amigos, sobre distúrbios emocionais ou psíquicos que acontecem em sua família. Quem age assim teme o julgamento dos outros, tem medo de ser associado a um problema que faz parte de seu círculo familiar. As pessoas geralmente não se envergonham de contar sobre doenças físicas, que tiveram ou ainda têm, por mais graves que sejam, mas guardam segredo sobre transtornos mentais, como se fosse um tabu, algo vergonhoso, a ser escondido dos outros.

Ao contar minha história – neste livro, no blog, onde for – posso ajudar os que passam por situações semelhantes, e isso não tem preço. Um exemplo de superação nos dá forças para viver e continuar lutando por uma vida melhor, o que ocorreu comigo quando li o livro da Drew, aos 13 anos, pois descobri que outras pessoas no mundo passavam por aquilo e conseguiam vencer.

Estou de pé, com a cabeça erguida, e por isso não tenho vergonha de revelar o que passei, o que vivi: tive anorexia, bulimia, depressão, pânico, mas hoje posso dizer que estou curada. Hoje tenho vontade de aproveitar a vida, e não de me esconder. Agora sei que os sofrimentos não matam, pois sobrevivi a muitos e estou aqui melhor do que nunca. Isso não significa estar livre dos sofrimentos: eles fazem parte da vida e ainda luto diariamente contra os meus fantasmas.

A depressão que sofri durante alguns anos – e que às vezes volta a me visitar – realmente fazia sentido, devido às situações que eu tinha experimentado e que ainda enfrentava. Mas ela também pode surgir sem que a gente saiba por que está mal.

É uma doença grave, porém não conseguimos vê-la nitidamente como se vê uma ferida no corpo, um sintoma físico, por isso muitos acham que é frescura, algo que depende apenas de sua vontade. Acham que a cura está em suas mãos. Não está: a depressão grave leva a caminhos escuros, onde se fica sem vontade de viver, e isso pode levar à morte. Muitos tentam suicídio; outros param de comer e ficam assim expostos a várias doenças; alguns tomam decisões erradas, rejeitam seus próprios filhos, procuram apoio nas drogas para tirar um pouco da sua dor, e por aí vai. É horrível: você se sente uma pessoa estranha, ninguém o entende, você quer se esconder de tudo e todos.

A pior parte é quando procuro um amigo e ele diz algo assim:

– Nossa, Isabella, você sempre está com depressão! Não vejo motivo algum para você estar assim. Você é linda, rica, tem um filho com saúde, tem amigos, então por que essas crises?

Para quem viveu anos tendo crises como eu, é duro aguentar a incompreensão das pessoas! Em vez de ajudar, muitos criticam você por algo que não tem como ser curado sem um bom tratamento. Algum controle, é verdade, a gente até consegue ter. Eu lutava com todas as minhas forças para sair daquele quadro, fazia de tudo o que estava ao meu alcance, mas conforme o grau da doença não se consegue fazer muito.

Eu não me entregava nunca, porém havia momentos em que ficava muito mal, destroçada, sem vontade de fazer nada. Pelo menos nunca tive vontade de morrer, graças a meu filho e à minha família, que apesar de tudo sempre me apoiou nesses momentos. Aliás, minha família ajuda mais quando alguém está doente, sempre foi assim.

Quando as pessoas me julgavam, me criticavam por causa da depressão, minha dor piorava: eu me sentia sozinha e louca. Na verdade, louca eu nunca fui, mas a rejeição e a incompreensão dos outros me faziam sentir assim. Encontrei na psicanálise um apoio que nunca antes havia recebido de meus amigos. Nunca esperei que o psicanalista tivesse pena de mim ou passasse a mão na minha cabeça, mas sim que me ajudasse a entender minha dor, sabendo ser verdade o que eu estava sentindo. Por que alguém vai querer viver triste, se tiver uma fórmula para acabar com a doença? Pois essa fórmula existe: amigos, amor, remédio, terapia, força de vontade, fé em Deus e paciência. A cura não vem da noite para o dia: até se alcançar o equilíbrio há muitos altos e baixos no caminho.

Muitas vezes me diziam:

– Nossa, faz tanto tempo que você vai a psiquiatras e ainda não está boa? Ainda sofre pelo seu pai? Que isso, Isabella?

Não há um tempo físico determinado para a superação de danos psíquicos e emocionais. Por mais de duas décadas sofri uma situação muito difícil, que me deixou doente, e não era possível uma cura em pouco tempo. Não era um simples resfriado. Em certos casos, muitos anos são necessários até que a gente aprenda a lidar com os problemas e superá-los. Eu não sofria porque queria: só se fosse muito burra ou masoquista, e não sou nem uma coisa nem outra.

A dependência de drogas, os surtos frequentes do meu pai, o ambiente caótico em nossa casa, o medo constante, tudo isso era um inferno. A cada internação dele eu sofria muito, sim, pois morria de pena. Ainda tenho dificuldade em aceitar a doença do meu pai, é difícil admitir que não tem jeito, que não posso contar com ele para um desabafo, um conselho. Desde criança, tinha que ficar em pé sozinha. Com meus irmãos sempre tive respaldo, tínhamos uns aos outros, cuidávamos uns dos outros. Agora estamos longe. Tenho meu filho, mas preciso zelar por isso, guardar algumas coisas, ficar forte, mesmo tendo vontade de desabar, de gritar. Às vezes choro, digo que preciso dele e recebo um abraço.

Meu pai é um homem maravilhoso, porém estava muito doente e não sabia o que fazia. Minha mãe, mulher dócil, frágil, submissa, medrosa, o amava e acabou adoecendo também, tornando-se dependente das loucuras dele, o que é comum em famílias que convivem com dependentes químicos. Ela foi vítima também.

Não podemos julgar ninguém. Quando me senti julgada pela sociedade por estar com depressão e não conseguir mudar de vida, ou mesmo por ser filha de um usuário de drogas, havia dentro de mim uma luta que poucos são obrigados a enfrentar.

Não estava à toa, sem fazer nada, esperando ser salva por Deus. Eu estava batalhando diariamente para ficar boa.

Em recente consulta com meu psiquiatra, que não via há muito tempo, ele disse, logo que me viu:

– Você está ótima! Até sua voz está diferente, a expressão de seu rosto... Parabéns. Você mudou bastante, com seu próprio esforço.

– É, estou bem – respondi – mas ainda sinto muita dificuldade para me encaixar na vida nova de cada dia.

– Já percebeu que agora você está olhando para a Isabella? Está tentando cuidar de si mesma, finalmente, mas sente que era mais fácil viver em função da vida de seu pai e da sua família.

– Era horrível, mas eu estava acostumada.

– Claro! Por mais difícil que fosse, era a vida que você conhecia. Era a sua "zona de conforto".

Foi estranho perceber que a zona de conforto pode ser tão desconfortável. De qualquer forma, encarar um problema de outra pessoa, mesmo alguém tão próximo como meu pai, era menos complicado que olhar para dentro de mim e enfrentar batalhas internas com minhas próprias forças. A vida é complicada, dura, mas sei que devo viver exatamente isso, e que tenho condições de transformar a realidade.

As dúvidas me atrapalham. Ainda não confio totalmente nas minhas escolhas e tenho medo de errar. Muitas vezes isso me paralisa, como se ficar indecisa diminuísse o risco de me frustrar. Como saber o que é melhor para mim? "Escute sempre a batida de seu coração" – disse meu analista. Parece frase feita, clichê, mas é a pura verdade. Se você escutar verdadeiramente sua voz interior, saberá o que fazer. Tenho procurado fazer isso, entrar em contato com meu sentimento mais profundo, e hoje procuro viver o que eu mesma escolho. Algumas opções são doloridas, outras não dão certo, mas pelo menos sou responsável por elas. Não quero abrir mão de nada que é importante para mim. Quero continuar com a vida que tenho, meu trabalho, minha faculdade, quero cuidar de mim, do meu filho, da minha casa, quero ver meus amigos, fazer o que gosto, valorizar o que conquistei, pisar no chão e, ao mesmo tempo, dar asas à criatividade.

Há pessoas que tentam esquecer, numa noite de festa, os problemas que sofrem. Não consigo ser assim: se eu fizer isso, a dor volta. Muitas vezes, quando passo por um momento delicado, sinto necessidade de encarar a dificuldade de frente. Para me curar da tristeza, me concentro nela. Às vezes passo vários dias nesse mergulho e, quando volto, estou mais forte, com vontade de viver. É assim que me recupero e só assim consigo virar a página.

Achei que chegaria ao final deste livro transbordando de alegria. Mas ao abrir esta página em que estamos agora encontrei novamente a tristeza: estou nesse momento, não posso fugir disso. Só espero sair fortalecida mais uma vez. Foi isso que aprendi quando me trancava no quarto, apavorada com os surtos de meu pai. A tristeza também pode ser um remédio: com ela tenho novas ideias, nela consigo reunir vontade de mudar e ser feliz. Por isso não fujo: se me sinto triste, olho para trás e vejo que sempre consegui me levantar, até mesmo nos momentos em que cheguei a pensar que o único caminho era morrer. Quero é viver, viver muito.

Algumas vezes acordo amedrontada e triste, outros dias acordo feliz e animada. Quando me sinto segura, busco a companhia das pessoas e faço planos, e quando me sinto perdida, volto ao passado e me desespero. Sou craque em me punir e me arrasar. Nessas horas, meu psicanalista diz:

– Isabella, você não precisa de inimigos: você já é o seu maior inimigo.

É verdade: eu me culpo, me castigo, fico remoendo a dor. Acho que não mudo essa atitude porque, no fundo, não quero. Gosto de ter uma personalidade profunda, pensativa, gosto dos sentimentos extremos, da alegria à tristeza. Escrevo isso agora com certo prazer, mas quando fico angustiada é o fim: tenho vontade de sumir. E, quando passa, acho bom. Porque na angústia é que surgem os meus melhores pensamentos, ideias e decisões. Angustiada, consigo me conectar melhor comigo mesma. E depois penso: Valeu a pena.

Então pego tudo o que vivi durante a crise de angústia e transformo em material para meu blog e para este livro, ou até para os próximos, quem sabe. Em seguida, ponho as ideias e decisões em prática.

Desde as mais triviais até as mais importantes: ir ao banco, à academia, à faculdade, comprar aquele sapato, voltar ou não voltar para meu namorado, postar um novo texto no blog, escrever um novo trecho do livro, organizar minha mesa de trabalho, telefonar para familiares e amigos dizendo que estou com saudades e que precisamos nos ver. Saio da bolha e começo a produzir.

É assim que funciono e tenho que me aceitar como sou. Se mudar este jeito de ser, não serei feliz de verdade. Tento fazer o melhor que posso, com o que eu sou e com o que tenho. Talvez eu não seja "normal". Mas acho que sou melhor do que muitas pessoas que se dizem normais. A propósito: de perto, alguém é normal?

Há dias ensolarados e dias sombrios, não tem jeito. Ontem fui dormir terrivelmente angustiada. Quando me vejo num vazio muito grande e não consigo fazer nada, troco os tempos, sinto-me novamente uma menina sozinha e perdida, esqueço o que já conquistei. Nessas horas, esqueço até mesmo que construí uma vida nova e que tenho um filho com quem posso contar. Vejo-me de novo numa ilha deserta. Na hora do desespero tudo some, não tenho a quem recorrer. Não mesmo? Então me lembro que tenho sim, e que posso ligar para os amigos, dar uma caminhada, escrever, fazer alguma coisa, melhorar. Viver, enfim.

Vejo que meu pai está melhor e já é possível conversar com ele, já existe uma troca de sentimentos e opiniões. Depois de tudo o que aconteceu, ele preferia se refugiar no seu tempo de empresário bem-sucedido e por lá ficava como se evitasse a realidade atual, falando apenas de um recorte ideal do seu passado, ou mantendo-se em silêncio por várias horas. Mas de uns tempos para cá parece estar de volta ao presente e conversa comigo sobre mil assuntos: viagens, novelas de TV, revistas, música, cinema, blogs e livros, principalmente este.

Falo a ele da minha certeza de que sua história vai ser bem entendida pelas pessoas que o julgam, pois o meu livro conta somente a verdade.

– Você estava doente, pai – digo a ele com carinho.

– É, Isa, tomara que me entendam. Fico triste em ver que perdi muitos anos de minha vida nessa história.

Conta-me então que se cansou das drogas, simplesmente. Finalmente percebeu que estava se destruindo, passou a ter nojo, raiva daquilo, e assim está conseguindo manter-se limpo, já por vários anos. Confidenciou que às vezes sente muita angústia, mas de tanto sofrer já se acostumou.

– Quando a angústia vem, dou um drible nela, porque sei que vai passar e que não vou morrer por isso.

Ele está voltando a ser o pai que tive na minha primeira infância, e de quem tenho tantas saudades. Estou agora resgatando isso.

Quando estou com meus familiares – mãe, pai, avó, irmãs, irmão – sinto que somos sobreviventes de uma longa calamidade, que poderia ter acabado em tragédia se não houvesse entre nós um amor inquebrantável. Não foi fácil: a vida deu uma volta na gente e ficamos perdidos, sem chão, sem orientação, sem saber qual caminho seguir, o que fazer e como fazer. Uns estavam doentes, outros com medo, todos desorientados e carentes. Fomos todos em busca de um caminho melhor, só que isso aconteceu tarde, depois que tínhamos perdido muitos anos de nossas vidas. Mas lutamos para sair desse ciclo e conseguimos.

Durante muitos anos eu não consegui mudar muito a realidade em que vivia, pois as circunstâncias não permitiam, mas estava sempre em movimento, sentindo-me viva ao fazer algo novo. Assim ia vivendo. A cada dia um pequeno passo, mas de grande importância para mim, pois me dava a certeza de ser capaz. É uma dádiva, um dom valioso, a possibilidade que qualquer pessoa tem de conhecer a si mesma, buscando ser mais feliz e fazer outras pessoas mais felizes também. Porém, muitos se acomodam e aceitam uma vida infeliz e medíocre, por medo. Eu não quero isso para mim: quero viver em contínua transformação. Só não sai do lugar quem é doente ou já morreu, e muita gente está praticamente morta sem saber.

Enquanto somos vivos, podemos, precisamos e devemos avançar a cada dia, um pouquinho que seja, para viver realmente. Muitas vezes os desvios nos levam a lugares melhores e, outras vezes, a lugares piores. Mas só arriscando e vivendo é que vamos encontrar o que a vida tem de bom, mesmo que para isso seja preciso conferir o rumo a cada manhã, traçar os passos das próximas 24 horas, olhar para a frente, com firmeza e confiança, e começar de novo.

Revolvendo papéis guardados no porão, me senti capaz de rever toda essa história dissipando névoas do passado e mirando um futuro bem melhor. Nas mesmas caixas onde estavam os papéis amarelados que me fizeram mergulhar no tempo, guardo agora os rascunhos deste livro. Decido colocar aqui também, dentro de algumas semanas, o layout da capa, o convite de lançamento e alguns recortes de jornal. Vou até o quarto do meu filho, que dorme tranquilo, e penso nele daqui a muitos anos, já grisalho, revendo com os netos as lembranças de hoje. Amanhece o dia.

AGRADECIMENTOS

Ao meu pai, que amo demais e que me dá forças diárias para continuar. Minha mãe, grande amiga. Meu filho, que me devolveu a alegria de viver. Meu analista, Dr. José Alberto Zusman, que me fez enxergar o meu eu. Minhas grandes amigas, que sempre estiveram ao meu lado. Minha sobrinha Maria Antonia, minha prima que considero irmã. Dra. Cristiana Góes, que me deu todo o carinho de que precisei nessa jornada. Meu grande amigo e parceiro neste livro, Gustavo Guimarães. A todos que me ajudaram, de alguma forma, através do meu blog, de e-mails e mensagens: sem esse apoio eu não teria chegado ao fim deste livro.

Impressão e Acabamento:
GRÁFICA STAMPPA LTDA.
Rua João Santana, 44 - Ramos - RJ